Japan

Japan

Text
Peter Göbel
Norbert Hormuth

Fotografie
Eberhard Grames

Bucher

Inhalt

Pflanzen und Steine sind die Grundelemente eines japanischen Trockengartens.

Akihabara – Tokyos Eldorado für Technikfreaks.

Picknick am Fluß Oi in Arashiyama bei Kyoto.

Beim Setzen junger Reispflänzchen.

Eine Burg aus Schnee entsteht für das Schneefestival in Sapporo.

Bunte Wimpel am Tag des Kindes.

Elastisch und stabil zugleich – der Bambus, dessen Stamm hohl ist.

Tokyo – ein riesiges graues Meer aus Beton, Stahl, Glas und Chrom, durch das sich endlose Bahntrassen und Stadtautobahnen winden. Dazwischen setzen Parkanlagen vereinzelte grüne Farbtupfer. Für die Modernität der Metropole steht der Stadtbezirk Shinjuku, dessen Hochhäuser, etwa der Shinjuku Park Tower (links), Spielarten futuristischer Architektur darstellen.

«Cipangu (Japan) ist eine sehr große Insel, tausendfünfhundert Seemeilen vom Festland entfernt. Es leben dort schöne, weißhäutige Menschen mit gefälligen Manieren.»

Marco Polo

Das Herz des alten japanischen Stammlands Yamato, **Kyoto und seine Umgebung**, ist reich an ehrwürdigen Schreinen, großartigen Palästen, bedeutenden Klöstern und strengen Zen-Gärten.

Dramatische Gebirgslandschaften und aktive Vulkane, alte Burgstädte und mythenumwobene Orte machen eine Reise durch **Süd-Honshu und Kyushu** zu einem unvergeßlichen Erlebnis.

Herrliche Nationalparks, dampfende Thermalquellen und dichte Wälder – abseits ausgetretener Pfade unterwegs in **Nord-Honshu und auf Hokkaido.**

In der pulsierenden Hauptstadt **Tokyo** bilden der mächtige Kaiserpalast und weitläufige Parkanlagen ruhige Oasen im Dickicht der Straßenschluchten. Einsame Bergregionen, stille Tempel und der grandiose Fuji-san locken in der **Umgebung**.

Rätselhaftes Reich der aufgehenden Sonne

Das Kunsthandwerk blüht in Japan nach wie vor. Kleine Figuren wie dieser japanische Adelige im traditionellen Kimono sind beliebte Souvenirs (oben). Die perfekt gekleideten und geschminkten Geishas, oft für wichtige Geschäftsessen engagiert, unterhalten ihre zahlungskräftigen Kunden mit Tänzen, Musik auf klassischen Instrumenten, alten Liedern und gepflegter Konversation (rechte Seite).

Welche Begriffe, welche Bilder verbinden sich im Kopf mit Japan? Bestimmt denkt man sofort an die Geisha im eleganten Kimono und den schwergewichtigen Sumo-Ringer im Lendenschurz, an Martialisches wie Harakiri und Kamikaze, Stilvolles wie Ikebana und Origami, Kontraste wie die stillen Zen-Gärten in Kyoto und die lärmenden U-Bahnstationen in Tokyo, Wahrzeichen wie den majestätischen Fuji-san und das vom Wasser der japanischen Inlandsee umspülte Balkentor am Eingang zur Schreininsel Miyajima, Gegensätze wie die in tiefe Andacht versunkenen Mönche in wallenden Gewändern und die gestreßten Manager mit ihrem unverzichtbaren Handy. Ganz verschiedenartige, ja widersprüchliche Facetten kennzeichnen das fernöstliche Land, das seine Bewohner «Nippon» oder «Nihon» nennen, was mit «Anfang des Tages» oder «Sonnenaufgang» zu übersetzen ist.

Klischees und Kontraste finden sich auch bei jeder anderen Nation der Erde, doch kann man sich auf einer Reise durch das jeweilige Land meist rasch sein eigenes Urteil bilden. Japan dagegen macht es dem Gast aus dem Westen in dieser Hinsicht nicht leicht. Im Land der aufgehenden Sonne stößt der ahnungslose Ausländer vielmehr ständig auf neue Rätsel, entdeckt immer neue Fettnäpfchen. Außerdem wird er bald feststellen, daß die Insulaner der felsenfesten Überzeugung sind, ein Fremder könne Japan und die Japaner ohnehin nie verstehen; seine ratlosen Fragen werden aus diesem Grund meist nur mit einem freundlichen Lächeln beantwortet. Im Inselreich ist hinter der vertrauten westlich-modernen Fassade eben – fast – alles anders, und seine Bewohner genießen ihr Anderssein ganz offensichtlich. Das japanische Bad, die Übernachtung im «Ryokan», dem traditionellen Hotel, der Besuch bei einer Familie, das Essen in einem Restaurant, eine Wanderung übers flache Land – gerade das Alltägliche wird hier zum Abenteuer – wenn man die touristischen Reservate verläßt –, und genau darin besteht vor allem der Reiz einer Japanreise.

Außerdem bietet das fernöstliche Land viele Attraktionen: pulsierende Städte mit einem reichen traditionellen und modernen Kulturleben wie Kyoto oder Tokyo, interessante Museen mit

einzigartigen Kunstschätzen, prächtige Schlösser und Burgen, ehrwürdige Schreine und Tempel, herrliche Parks, farbenfrohe Feste, kulinarische Köstlichkeiten und nicht zuletzt eine bunte Palette faszinierender Landschaften.

Die kultivierte Wildnis

Verstädterung, Überbevölkerung, Industrialisierung, Umweltzerstörung – das sind die Themen, die im Geographieunterricht an europäischen Schulen bei der Landeskunde Japans häufig im Vordergrund stehen. Und damit beginnt auch schon die Kette der Mißverständnisse. Mit durchschnittlich mehr als 330 Einwohnern

Japanische Häuser zeichnen sich durch Schlichtheit und die Verwendung natürlicher Materialien aus. Für jeden Zweck stehen eigene Pantoffeln bereit.

pro Quadratkilometer gehört das Kaiserreich in der Tat zu den am dichtesten bevölkerten Staaten der Erde. Die Landeshauptstadt Tokyo ist mit fast 27 Millionen Einwohnern, der gesamte Ballungsraum eingerechnet, die größte Stadt der Welt. In den Küstenebenen breiten sich schier endlose graue Häusermeere aus. Fabrikschornsteine und Kühltürme von Kraftwerken beherrschen die Silhouette japanischer Städte. Beim Ausbau der Industrie, der Verkehrswege und Freizeiteinrichtungen wurde und wird auf die Umwelt häufig keine große Rücksicht genommen.

Gleichzeitig aber gibt es in ganz Japan noch viel Platz für die beinahe unberührte, ungebändigte Natur – mehr als in unseren Breiten. Wälder und Gehölze bedecken immerhin fast 70 Prozent der Landesfläche. Im Unterschied zu unseren Forst-Monokulturen sind Nippons Wälder erstaunlich artenreich, angefangen bei immergrünen Hibiskus- und Bambushainen bis hin zu urwüchsigen Zedern-, Fichten- und Tannenwäldern. Besonders die zahlreichen Laubgehölze, die sich im Herbst prachtvoll verfärben, ziehen die Japaner in Scharen in die freie Natur, wie sie sich auch im Frühjahr an der Kirschblüte, der «Sakura», berauschen.

Die bemerkenswerte Vielfalt der Flora liegt vor allem in der extremen Nord-Süd-Ausdehnung, dem feuchten Klima und der geographischen Zersplitterung des japanischen Archipels begründet. Mit knapp 378 000 Quadratkilometern ist Japan etwas größer als Deutschland, sein Areal verteilt sich jedoch auf vier Hauptinseln – von Norden nach Süden sind das Hokkaido, Honshu, Shikoku und Kyushu – sowie rund 3900 kleinere Nebeninseln. Kein Ort liegt weiter als 130 Kilometer von der Küste entfernt. Der Inselbogen mit seinen Ausläufern erstreckt sich über einen Raum von 4 Millionen Quadratkilometern. Sein südlichster Punkt ist bei 24 Grad nördlicher Breite am Rand der Tropen gelegen, die nördlichste Landspitze von Hokkaido ragt ein wenig über den 45. Breitenkreis hinaus. Insgesamt dehnt sich das Inselreich zwischen den Breitengraden etwa 2400 Kilometer von Nord nach Süd und ungefähr 1600 Kilometer in west-östlicher Richtung aus.

Im Innern werden die Inseln durch Hügel und Gebirge, die mehr als vier Fünftel der Gesamtfläche einnehmen, in über achthundert größere und unzählige kleine und kleinste Ebenen zergliedert. Die Berge aller vier Hauptinseln sind höher als 1500 Meter, im mittleren Honshu steigen sie gar auf mehr als 3000 Meter an. Höchster Gipfel und Wahrzeichen des Landes ist der 3776 Meter hohe Fuji-san. Dieser majestätische Kegel ist wie viele andere ein derzeit ruhender Vulkan. Ungefähr sechzig Feuerberge sind aber noch tätig, weitere zweihundert gelten als ausbruchsverdächtig. Mindestens achthundert stärkere Eruptionen sind seit dem Jahr 684 belegt, eine der heftigsten zerfetzte am 15. Juli 1888 den Bandai-san. In den letzten Jahrzehnten brach fast jährlich irgendwo in Japan ein Vulkan aus, oft begleitet von starken Erdstößen.

Die Japaner haben sich daran gewöhnen müssen, auf einem geologischen Pulverfaß zu leben. Aber vom Himmel kommt es zuweilen noch schlimmer. Vor allem im Spätsommer und im Herbst fegen Taifune über den Archipel hinweg und bringen

Felsen in den brandenden Wogen und Kiefern, die typischen «Überlebensbäume» in der Kampfzone zwischen Land und Meer, die den stärksten Stürmen trotzen – diese Landschaft ist Vorbild für die japanische Gartenarchitektur.

manchmal sintflutartige Regengüsse von über 1000 Liter Niederschlag pro Quadratmeter mit sich. Im Winter peitschen Schneestürme besonders die dem asiatischen Kontinent zugewandte Seite der Inseln, begraben die Gebirge unter meterhohen Schneemassen und dringen nicht selten sogar bis in den subtropischen Süden vor: Bambus im Schnee – das in der fernöstlichen Malerei so beliebte Motiv – zeigt den schroffen Wechsel von Wetter und Witterung im Lauf der Jahreszeiten und veranschaulicht die klimatischen Wechselbäder besser als jede Klimatabelle.

Ein Reich in herrlicher Abgeschiedenheit

Die Insellage kann die Mentalität eines Volkes durchaus prägen und dazu führen, daß die Nation ihr Anderssein bewußt pflegt. Hinlänglich bekannt ist dies von unseren westeuropäischen Nachbarn jenseits des Ärmelkanals. «Shimaguni konjo», «Denken eines Insellandes», nennen die Japaner diese insulare Mentalität. Und wenn sie von «Sakoku» sprechen, meinen sie die mehr als zweihundert Jahre währende fast vollständige Abschottung des Reichs gegenüber der Außenwelt von 1639 bis 1854, wie sie selbst die Briten, die ihre «splendid isolation» so sehr schätzen, nicht mit letzter Konsequenz durchgesetzt haben.

Während sich die Briten ihrer historischen Wurzeln durchaus bewußt sind, ist die Herkunft der Japaner umstritten. Immerhin gibt es sprachliche Brücken nach Ost- und Zentralasien. Vielleicht steckt auch im Mythos von der «schwimmenden Himmelsbrücke», der sich auf die schmale Landzunge Amanohashidate bezieht, ein Körnchen historische Wahrheit. Hier sollen die Götter Izanagi und Izanami bei der Erschaffung Japans gestanden

Die Rikscha, ein in Ostasien weitverbreitetes Gefährt, wird in Japan nur noch von Touristen benutzt, zum Beispiel um die Bambuswälder am Stadtrand von Kyoto zu besuchen (links). Dagegen stehen diese Sandalen auch heute in jedem Haus (rechts).

haben – vielleicht ein verschlüsselter Hinweis auf die Trittsteinbrücke aus Inseln, über die die Ureinwohner in grauer Vorzeit vom asiatischen Kontinent her eingewandert sind.

Die ältesten größeren Staatsgebilde auf japanischem Boden entstanden wohl auf Kyushu. Die Chronik gibt für die legendäre Reichsgründung durch Kaiser Jimmu den 11. Februar 660 v. Chr. an. Der Yamato-Staat, eigentliche Keimzelle der Nation, nahm allerdings erst rund tausend Jahre später Gestalt an. Bis zur Gründung eines straff organisierten Kaiserreichs nach chinesischem Vorbild sollten noch einmal mehrere Jahrhunderte vergehen.

In der Nara- und Heian-Periode (710–1192) hatte der «Tenno» (Kaiser) seine Residenz in oder um Nara und Kyoto. Erst 1868 zog der Kaiserhof endgültig von Kyoto nach Edo um, das seither Tokyo («Östliche Hauptstadt») heißt. Der Tenno war inzwischen freilich längst zum Scheinherrscher geworden. In Wirklichkeit wurde der Staat von den «Shogunen», den Anführern des Kriegeradels, und deren bis an die Zähne bewaffeneten Vasallen, den «Samurai», beherrscht. Bis zum Ende des 16. Jahrhunderts war es den Shogunen nicht gelungen, ihre Machtansprüche bis in die letzten Winkel des Landes hinein durchzusetzen. Dies sollte sich erst unter der Herrschaft der Tokugawa-Shogune ändern, die in Edo residierten und widerspenstigen Lokalherrschern mit einem ausgeklügelten System von Erpressung und Belohnung ihren Willen aufzwangen. In die Herrschaftszeit der Tokugawa von 1605 bis 1868 fällt auch die Abschottung Japans vom Ausland. Der zunächst rege Handel mit anderen Ländern, der seit der Ankunft der ersten Europäer im Jahr 1542 in Gang gekommen war, wurde nach 1639 fast vollständig unterbunden. Nur Chinesen und Niederländern war es gestattet, den Hafen von Nagasaki anzulaufen.

Fortsetzung Seite 24

Dämonen und Drachen, ob als Malerei auf einem Flugdrachen oder als Tätowierung (Foto von 1876/78), sollen die bösen Geister abwehren. Auch im 20. Jahrhundert hat sich der Glauben an übernatürliche Wesen vielerorts erhalten.

No, Kabuki, Bunraku

600 Jahre Theatertradition

1

2

1 Drei Spieler sind notwendig, um eine Bunraku-Puppe zu führen. Der Hauptakteur, der sich offen auf der Bühne zeigt, hält mit der linken Hand die Spielfigur und bewegt sie mit der rechten. Zwei in schwarze Gewänder gehüllte Assistenten sind für den linken Arm und den Unterkörper zuständig.
2 bis 6 Die aus Holz geschnitzten und bemalten No-Masken sind stark typisierend. Das Kostüm des Hauptdarstellers fällt am prächtigsten aus.
7 Als Gegenbewegung zu den traditionellen Tanzformen entwickelte sich der Buto-Tanz.

Es gibt weltweit wohl keine Schauspielgattung, die sich über sechs Jahrhunderte in Sprache, Dramaturgie, Kostümen, Bühne und Repertoire ihren einmal geschaffenen Stil so unverändert erhalten hat wie das japanische *No-Spiel.* Das von Kan'ami (1333–1384) und dessen genialem Sohn Zeami Motokiyo (1363–1443) zur höchsten Kunst entwickelte No geht auf volkstümliche rituelle Tanzformen, rhythmische Gesänge und Pantomimen zurück. In seiner Blütezeit wurde es zu einem hochstilisierten, verfeinerten und strengen Re-

5

6

geln unterworfenen Gesamtkunstwerk aus Tanz, Musik, Sprache und Gesang, das nur dem Adel und der Ritterschaft zugänglich und verständlich war. Im No-Spiel ist nicht die Natürlichkeit der Darstellung das Ziel, sondern die symbolische Präsentation mythischer Geschehnisse, märchenhafter

3

7

Begebenheiten, alter Sagen und unerhörter Ereignisse. An die altgriechische Theatertradition erinnern die gemessenen stilisierten Bewegungen, typisierende Masken, Chor, Orchester und Tanz, wobei der Tanz immer Zentrum und Höhepunkt der Handlung markiert. Die Pracht der alten Gewänder, die rhythmische Präzision der Musiker, die absolute Beherrschung jeder Bewegung und Geste durch die Darsteller machen eine No-Aufführung auch für westliche Besucher, die dem Gang der Handlung nicht folgen können, zu einem eindrucksvollen Erlebnis.

Mit dem Aufstieg des städtischen Bürgertums zu Beginn des 17. Jahrhunderts schuf sich diese Schicht dann ihre eigene Theaterform, das *Kabuki*. Die Sujets des oft schrillen, bunten und effektreichen Kabuki-Dramas sind häufig im Doppelselbstmord endende, unglückliche Liebschaften, der Ruin bürgerlicher Existenzen, Familienfehden sowie Standeskonflikte.

Das *Bunraku-Puppentheater* mit von drei Spielern geführten fast lebensgroßen Figuren behandelt meist die gleichen Stoffe wie das Kabuki-Theater, ist aber formal strenger und literarisch anspruchsvoller. Der Dramatiker Chikamatsu Monzaemon (1653 bis 1724), der das Bunraku zur Blüte brachte, schrieb in seiner späten Schaffenszeit ausschließlich Bunraku-Stücke, da er der effektheischenden Interpretationen von Star-Schauspielern und Regisseuren beim Kabuki überdrüssig war. Die beim Bunraku notwendige exakte Abstimmung zwischen Puppenspielern, Erzähler (Sänger) und Lautenspielern läßt keine freie Gestaltung zu, wodurch sich die von Chikamatsu geprägte Aufführungspraxis bis in unsere Zeit erhielt.

Norbert Hormuth

4

«An die Herren Europäer»

Im Sommer des Jahres 1934 erschien in einer japanischen Zeitung eine Serie über die weltpolitische Bedeutung des Kaiserreichs. Darin standen Sätze, die der westlichen Welt klarmachten, daß sich das «Land des Lächelns» zu einer Großmacht entwickelt

hatte: «Der größte Teil der Europäer, auch diejenigen der höchsten Kreise der Politik und Finanz, kennen die wahre Macht und Leistungsfähigkeit des heutigen Kaiserreiches Japan nicht.»

Dabei hatte die 1854 von den Amerikanern durch militärischen Druck erzwungene Öffnung einiger japanischer Häfen für den Westen Nippon eigentlich zur Kolonie machen sollen. Doch dieser Plan erwies sich bald als geradezu klassischer Fehlschlag. Nachdem der letzte Shogun im November 1867 von rebellierenden Bauern und Bürgern zum Rücktritt gezwungen worden war, führten die neuen Kaiser ihr Reich unter der Regierungsdevise «Meiji» («Erleuchtete Regierung») binnen weniger Jahrzehnte aus dem «Mittelalter» ins 20. Jahrhundert und verwandelten Japan in einen modernen Industriestaat. Spätestens seit dem Russisch-Japanischen Krieg 1904/05 beteiligte sich das Land auch als Militärmacht an verschiedenen Kriegsschauplätzen aktiv an der Weltpolitik, brachte Korea, die Mandschurei, China und Indochina unter seine Kontrolle und wagte schließlich mit dem Überfall auf Pearl Harbour im Dezember 1941 den Angriff auf die USA.

Die Kirschblüte, die lautlos in einer Frühlingsnacht vom Zweig fällt, ist das Symbol der Vergänglichkeit. Ein Ausflug mit dem Boot von Kyoto nach Arashiyama ist besonders zu dieser Zeit, von Mitte März bis Anfang April, ein unvergeßliches Erlebnis.

Die Großmachtträume des imperialistischen Japan waren freilich bald ausgeträumt. Der von beiden Seiten mit äußerster Härte geführte Krieg endete im September 1945 nach den Atombombenabwürfen auf Hiroshima und Nagasaki mit der Kapitulation des Inselreichs. Erstmals in seiner langen Geschichte wurde Japan von fremden Truppen besetzt, der Kaiser mußte seinen Anspruch auf Göttlichkeit aufgeben – ein tiefer Schock für die gesamte Nation. Militärisch ist der Wirtschafts-Goliath seitdem ein David geblieben, der sich gemäß der Regierungsdevise Kaiser Akihitos «Heisei» («Den Frieden schaffen») seit einigen Jahren verstärkt um die Aussöhnung mit seinen Nachbarn auf dem asiatischen Kontinent bemüht und inzwischen auch erstmals Verbrechen des Landes im Zweiten Weltkrieg eingesteht.

Von Aikido bis Zen

Die Politik des Heisei spiegelt auch die Erkenntnis der Japaner wider, daß die Wurzeln ihrer Kultur auf dem Kontinent zu suchen sind – einer Kultur, die ungewöhnlich vielseitig ist und in vielen Bereichen ihren Ursprung im Zen-Buddhismus hat, der zwischen dem 12. und 13. Jahrhundert von China über Korea nach Japan gelangte.

Religiöse Techniken des mittelalterlichen Zen (eine Kurzform von Zenna, später Zazen), was Selbstversenkung bedeutet, prägten einige typisch japanische Kampfsportarten: etwa das Aikido, eine seit dem 12. Jahrhundert bekannten Art der (meist) waffenlosen Selbstverteidung, das Kendo, die Fechtkunst, die früher mit Schwertern, heute mit Bambusstöcken ausgeführt wird, oder das

Kyudo, die Kunst des Bogenschießens. Sumo, heute neben Baseball und Golf der Nationalsport, hat dagegen wohl rein japanische Wurzeln und ging aus Fruchtbarkeitsritualen hervor.

Auch die Blumen- oder Pflanzenkünste führen nach China zurück. Ikebana («die Blume am Leben erhalten»), eine spezielle Art des Blumenarrangements, nahm seit dem 7. Jahrhundert mit Blumenopfern in buddhistischen Tempeln ihren Anfang.

Die Gelegenheit zum «Ofuro», ein für Besucher aus dem Westen oft unglaublich heißes Bad, bietet sich an vielen Thermalbadeorten – dort sogar unter freiem Himmel. Nur hier kann man sich in einem «Yukata», einem Baumwoll-Kimono, auch in der Öffentlichkeit sehen lassen. Selbst die Schneeaffen, die in der Provinz Nagano (Honshu) in einem Reservat leben, lockt die Wärme der heißen Quellen.

Ofuro – Entspannung und höchster Genuß

Kein anderes Land der Erde ist auf engem Raum so reich an Thermalquellen wie Japan, das mehr als 12 000 dieser «Onsen» aufweist. Und kein anderes Volk hat das tägliche Bad (Ofuro) im oft über 40 Grad Celsius heißen Wasser so zur Kultur verfeinert wie die Japaner. Es dient nicht der Reinigung des Körpers, sondern der Erholung und Entspannung. Man wäscht sich gründlich mit Seife und Shampoo, bevor man in das gemeinschaftlich benutzte Badebecken steigt, genüßlich die Augen schließt und vielleicht mit einem Schlückchen Reiswein den Alltagsstreß auch von innen wegspült. Dieses Ritual gönnen sich die Japaner allabendlich im eigenen Bad, in Badestuben, am liebsten jedoch unter freiem Himmel, in einer der zahlreichen Onsen.

Unter dem Einfluß des Zen-Buddhismus wurden in Tempelanlagen Trockengärten geschaffen, hier im Daitoku-ji in Kyoto. Sie dienen der Meditation und werden nicht betreten, sondern von einer Veranda oder durch ein Fenster betrachtet.

Während in europäischen Parks farbenprächtige Blütenpflanzen eine große Rolle spielen, ist im japanischen Landschaftsgarten das Wasser – als Teich, Wasserfall oder kleiner Flußlauf – das wichtigste Gestaltungselement.

Mit dem Zen-Buddhismus fand auch die Tuschmalerei in Japan große Verbreitung. Die blauschwarze Tinte entsteht, indem mit dem Pinsel und etwas Wasser auf einem Tintenstein hin- und hergerieben wird. Zu den Grundübungen zählt das Zeichnen von Bambus, wie er sich im Wind bewegt. Dabei muß jeder Pinselstrich sitzen.

Die Kalligraphie arbeitet mit denselben Mitteln wie die einfarbige Tuschmalerei. Schriftzeichen mit einer besonderen Bedeutung werden so auf das Papier gemalt, daß der Eindruck eines abstrakten Gemäldes entsteht. Rollbilder mit Kalligraphie-Zeichen und Tuschmalereien dienen als Zimmerschmuck in der eigens ausgesparten Raumnische einer Wohnung.

Ikebana wie auch die Züchtung von Bonsai (siehe Seite 126) haben inzwischen in den westlichen Ländern viele aktive wie auch passive Bewunderer gefunden.

Ungewöhnlich breit und bunt ist das Spektrum des japanischen Kunsthandwerks. Zwar wurden auch hier die meisten Techniken vom Kontinent übernommen, jedoch später durch die für Japaner charakteristische Liebe zum Detail und den Drang zur Perfektion verfeinert. Handgeschöpftes Japanpapier genießt Weltruf, ebenso die in den Zen-Klöstern zur Meisterschaft entwickelte Tuschmalerei und die Kalligraphie auf dem edlen Papier.

Die vom Zen-Buddhismus angeregte Teekunst (siehe Seite 84) hat die japanischen Töpfer zu Höchstleistungen animiert, schließlich ist die Keramikschale, aus der der Tee getrunken wird, mindestens ebenso wichtig wie das Getränk selbst. Auf jeder der Hauptinseln findet man mehrere berühmte Keramikzentren – ebenso Werkstätten, die sich der traditionellen japanischen Lackkunst, der Herstellung von «Netsuke» genannten Figuren etwa aus Bambus oder Jade sowie dem kunstvollen Metallguß widmen.

Das Ende eines Mythos

In den fünfziger und sechziger Jahren erschienen sie auf den großen Industriemessen der Welt zu Hunderten: die dezent gekleideten Japaner, die mit Diktiergerät und Fotoapparat bewaffnet in den Messehallen alles genau unter die Lupe nahmen. Die westliche Konkurrenz amüsierte sich damals noch, aber inzwischen ist

Neben der Fischerei spielt in Japan auch die Zucht von Muscheln und Krebsen, vor allem aber von Perlaustern, die in sauberen Buchten abseits der Industriezentren betrieben wird, eine wichtige Rolle.

ihr das Lachen längst vergangen. Die gelehrigen Schüler sind zu Lehrmeistern geworden, überschwemmen den Weltmarkt mit Patenten und Produkten und sind in vielen Branchen gar Marktführer. Mit einem Anteil von weniger als 3 Prozent der Weltbevölkerung trägt das Inselreich rund 10 Prozent zur gesamten wirtschaftlichen Wertschöpfung der Welt bei. Auf der Liste der führenden Welthandelsländer steht es nach den USA und Deutschland auf dem dritten Platz und hat gerade in der modernsten Technik neue Maßstäbe gesetzt. Gemessen am Pro-Kopf-Einkommen der Einwohner zählt Japan zu den reichsten Staaten der Erde.

Die Unternehmer im Westen grübeln seit Jahren über das Geheimnis dieses japanischen Wirtschaftswunders nach und haben dabei eine ganze Reihe einleuchtender Gründe gefunden: die sprichwörtliche Disziplin, Sparsamkeit und Genügsamkeit der japanischen Arbeitnehmer, die länger arbeiten, weniger Urlaub machen und krank feiern als ihre Kollegen in den westlichen Industrieländern, vor allem jedoch die enge Zusammenarbeit von Privatwirtschaft und Staat, kurz «Japan AG» genannt.

Schon in den Jahren des stärksten Wirtschaftsbooms, als noch jährliche Wachstumsraten von mehr als 10 Prozent verzeichnet wurden, konnte der Besucher aus dem Westen allerdings manch Bemerkenswertes beobachten. Wenn er mit dem Mietwagen zum Tanken fuhr, bedienten ihn mindestens drei eifrige Tankwarte: Der erste füllte den Benzintank, der zweite polierte die Windschutzscheibe und reichte den Insassen Tücher zur Erfrischung, der dritte überprüfte Öl und Kühlwasser – ein perfekter Service. Gleichzeitig war dies auch ein Indiz dafür, daß die japanische Arbeitslosenstatistik nicht korrekt sein konnte. Mittlerweile sind die offiziellen Zahlen, die wegen der hohen versteckten Arbeitslosigkeit nur die Spitze des Eisbergs darstellen, auf dem höchsten Stand seit Einführung dieser Statistik. Die in vielen Bereichen durch Spekulation und staatliche Finanzhilfen künstlich aufgeblähte «bubble economy» zerplatzt wie eine Seifenblase. Führende Banken brechen wie Kartenhäuser in sich zusammen. Japans Wirtschaft steckt in einer tiefen Krise.

Die «Preußen» Asiens?

Die gegenwärtige Wirtschaftskrise hat viele Ursachen. Japan, das kaum Bodenschätze besitzt, ist auf Rohstoffeinfuhren angewiesen und leidet daher unter steigenden Preisen stärker als andere Industrienationen. Gleichzeitig werden Japans Exporte weltweit durch hohe Einfuhrzölle und bürokratische Reglementierungen behindert. Ein Land, das wie kaum ein anderes auf den Weltmarkt setzt, wird davon besonders hart getroffen.

Das größte Problem besteht jedoch darin, daß – vereinfacht gesagt – die 125 Millionen Japaner zu fleißig und sparsam sind, sich die Nachfrage im eigenen Land in engen Grenzen hält. Ob sie durch großzügige Steuergeschenke angeregt werden kann, bleibt abzuwarten. Wie sollte der traditionelle Wertekodex, in dem noch immer Fleiß und Sparsamkeit an erster Stelle stehen, nun auch von heute auf morgen auf die konsumfördernden Ansprüche einer modernen Freizeitgesellschaft umgepolt werden? Drei bis vier Tage, allenfalls eine Woche, geht der Durchschnittsjapaner jährlich auf Urlaubsreise, die restliche Zeit verbringt er am Arbeitsplatz oder zu Hause. Nach europäischen Maßstäben ist sein

Statt Schneemann ein Samurai: Skulptur auf dem Schneefestival in Sapporo.

Zuhause oft sehr bescheiden. Da lebt eine fünfköpfige Familie – nicht die ärmste – in einem Holzhaus, dessen 56 Quadratmeter Wohnfläche sich auf acht Räume verteilen. Die einzigen Wärmequellen sind der Herd in der Küche und ein unter dem Wohnzimmertisch angebrachter Heizstrahler – dabei kann es im Winter auch in der Mitte und im Süden des Inselreichs empfindlich kalt werden! An der Ausbildung der Kinder spart man dagegen nicht. Oft wird der Schulunterricht durch Nachhilfe ergänzt, denn es gibt viel zu lernen: mindestens 2000 chinesische Wortschriftzeichen (Kanji), dazu zwei einheimische Silbenschriften (Hiragana und Katakana), lateinische Buchstaben und arabische Ziffern.

Übernachten wie bei Mutter

Die internationalen Hotels in den großen Städten gleichen sich meist wie ein Ei dem andern. Das «Ryokan», ein Hotel im traditionellen japanischen Stil, macht da eine wohltuende Ausnahme. Hier läßt der Gast die Außenwelt gleich am Eingang hinter sich zurück, indem er die Straßenschuhe gegen Pantoffeln und auf dem Zimmer Anzug oder Kleid gegen den legeren «Yukata», den Hauskimono, eintauscht. Vor dem Essen, das auf dem Zimmer serviert wird, ist das «Ofuro», das Bad, ein absolutes Muß. Ein Bett darf der Gast im Ryokan nicht erwarten, geschlafen wird auf dem mit «Tatami», Reisstrohmatten, ausgelegten Fußboden. Aber der «Futon», eine dünne Matratze, und eine leichte Steppdecke machen das Nachtlager überraschend bequem.

Anders als auf dem asiatischen Festland herrschte in Japan bis zum späten 19. Jahrhundert die Holzbauweise vor. Beispiele hierfür sind der Tempel Nanzen-ji in Kyoto vom Beginn des 17. Jahrhunderts (links) und die 1504 erbaute Burg in Matsumoto auf Honshu (rechts).
Eine Tempeldienerin zündet Opferkerzen an (unten).

Fleiß, Sparsamkeit und persönliche Anspruchslosigkeit gelten allgemein als «preußische» Tugenden, und das Schlagwort von Asiens «Preußen» ist bis heute beliebt, um die Wesensart der Japaner zu beschreiben. Doch der von den Inselbewohnern nicht ungern vernommene Vergleich hinkt. Preußische Ideale wie Pflichterfüllung oder Gehorsam werden zwar auch in Japan hoch geschätzt, aber das im Westen ebenso angestrebte Ideal vom einsamen Streiter, der unbeugsam wie eine knorrige Eiche allein seinem Gewissen folgt, unbeirrbar seinen Weg geht, ist ihnen fremd. «Der Nagel, der aus dem Balken herausschaut, muß eingeschlagen werden» heißt es hier. Nicht Individualisten oder

Fortsetzung Seite 42

Daten und Bilder zur Geschichte

5000–300 v. Chr. Entwicklung der Jomon-Kultur.

660 v. Chr. Jahr der mythologischen Gründung Japans durch Kaiser Jimmu.

250 v. Chr.–300 n. Chr. Yayoi-Kultur. Sie wird die erste eigenständig Kultur Japans.

300–710 Kofun-Kultur. Bildung eines japanischen Zentralstaats in der Yamato-Ebene (Nara-Becken).

552 Einführung von Buddhismus und chinesischer Schrift.

574–622 Prinz Shotoku-taishi bildet einen Zentralstaat nach chinesischem Vorbild.

710–787 Nara-Periode. Nara wird 710 Reichshauptstadt. Erste kulturelle Blütezeit.

794–1192 Heian-Periode. Zur neuen Hauptstadt wird Heian-kyo (Kyoto). Befreiung vom chinesischen Einfluß.

2

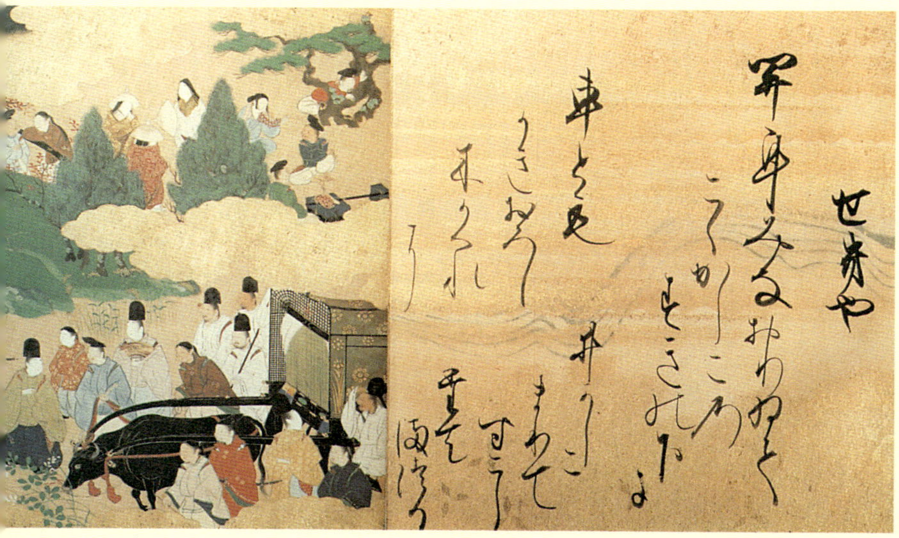

1

3

1 Doppelseite aus der «Geschichte des Prinzen Genji» der Hofdame Murasaki Shikibu (um 1010).
2 Eine Buddha-Figur aus der mittleren Heian-Periode (Köln, Museum für Ostasiatische Kunst).
3 Haniwa-Figuren wurden an Grabstätten aufgestellt (6.–7. Jh., Tokyo, Nationalmuseum).

1192–1333 Kamakura-Periode. Die Macht geht auf den Shogun (Militärherrscher) über. Die Regierung wechselt vom höfischen Luxusleben in Kyoto nach Kamakura. Zeitalter blutiger Feudalfehden, aber auch Blütezeit einer vom Zen beeinflußten ritterlichen Kultur.

1274–1281 Erfolgreiche Abwehr der Mongoleneinfälle.

1336–1605 Muromachi-Periode, benannt nach dem Kyotoer Stadtviertel Muromachi, dem Regierungssitz der Ashikaga-Shogune. Gegen Ende der Epoche Zerfall der Zentralgewalt und Machtzunahme der «Daimyo» (Lokalfürsten). Entwicklung eines wohlhabenden Bürgertums.

1542 Erste Landung portugiesischer Seeleute.

1568–1605 Azuchi-Momoyama-Periode. Die Heerführer Oda Nobunaga, Toyotomi Hideyoshi und Tokugawa Ieyasu bekämpfen die aufsässigen Daimyo und Mönchsorden.

1605–1868 Edo-(Tokugawa-)Periode. Tokugawa Ieyasu siegt 1600 in der Schlacht bei Sekigahara. Edo (Tokyo) wird Hauptstadt seines strikten Überwachungsstaats. Der Kaiser in Kyoto hat nur noch religiös-zeremonielle Bedeutung.

1633 Völlige Abschottung des Landes nach außen.

1853/54 Durch die von den Westmächten erzwungenen Verträge von Kanagawa mit den USA Öffnung Japans für amerikanische Handelsschiffe.

1868–1912 Meiji-Periode. Der letzte Tokugawa-Shogun tritt zurück, und Kaiser Meiji erhält wieder die kaiserliche Führungsautorität. Edo wird unter dem Namen Tokyo («Östliche Hauptstadt») zu seinem Regierungssitz. Modernisierung und Industrialisierung Japans.

4

7

5

8

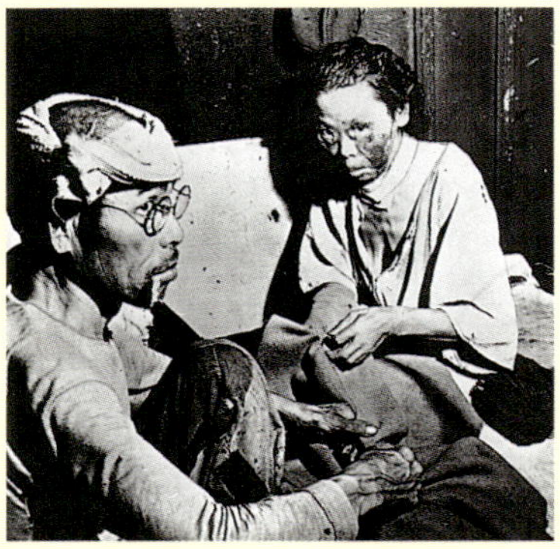

6

1889 Erste Verfassung.

1904/05 Den Krieg gegen Rußland gewinnt Japan und erhält Süd-Sachalin sowie die Schutzherrschaft über Korea.

1910 Annexion Koreas.

Ab 1912 Taisho-Showa-Zeit.

1914–1920 Japan nutzt die Zeit des Ersten Weltkriegs in Europa zu Eroberungen in China, Rußland und Ozeanien.

1923 Am 1. September vernichtet ein Erdbeben das alte Edo.

1940 Dreimächtepakt Japan, Deutschland und Italien.

1941 Nichtangriffspakt mit der Sowjetunion. Am 7. Dezember japanischer Überraschungsangriff auf Pearl Harbour. Beginn des Pazifischen Eroberungskriegs.

1945 Kapitulation Japans nach dem Abwurf der Atombomben auf Hiroshima und Nagasaki am 6. bzw. 9. August.

1946 Japan wird konstitutionelle Monarchie. Beginn der Demokratisierung, Einführung des Frauenwahlrechts.

1951 Wiederherstellung der Unabhängigkeit durch den Friedensvertrag von San Francisco.

1956 Beitritt zur UNO.

1989 Am 7. Januar stirbt Kaiser Hirohito. Nachfolger wird sein Sohn Akihito.

1993 Ministerpräsident Hosokawa spricht den Völkern Ost- und Südostasiens sein Bedauern wegen der Rolle Japans im Zweiten Weltkrieg aus.

1995 Erdbeben in Kobe.

1995–1998 Wirtschaftliche Rezession mit einer Vielzahl von Bankenzusammenbrüchen, Firmenpleiten und Kursstürzen an der Börse in Tokyo.

Norbert Hormuth

4 Mann in der Kriegsrüstung eines Daimyo (um 1870).
5 Die Japaner unterzeichnen am 2. September 1945 die Kapitulation.
6 Opfer des Atombombenabwurfs über Hiroshima am 6. August 1945.
7 Der Shogun Minamoto no Yoritomo (Rollbild des 13. Jh.).
8 Akihito mit Familie (1971).

In den eisigen Wintern auf Hokkaido gefriert sogar die Gischt auf den Felsen.

Nonkonformisten sind gefragt, sondern Menschen, die ihren Platz innerhalb der Gesellschaft kennen und sich harmonisch einfügen, was freilich nicht allen stets gelingt.

Reibungspunkte zwischen der traditionellen japanischen Gesellschaftsordnung und den Ansprüchen der «Shinjinrui», der «neuen Menschheit», bestehen vor allem in der Rolle der Frau und der Lebenseinstellung der Jugend. Immer mehr Japanerinnen möchten finanziell nicht mehr auf einen Partner angewiesen sein, der als «Firmenmensch» oft auch den größten Teil seiner Freizeit im Kollegenkreis verbringt und ganz selbstverständlich erwartet, daß die Frau sich ausschließlich ihrer Rolle als Mutter und Hausfrau widmet. Die seit 1950 um mehr als das Doppelte

gestiegene Scheidungsrate spricht für sich. Die Ehekrisen hinterlassen natürlich auch bei den Kindern Spuren, die zudem in der Schule unter einem ungeheueren Leistungsdruck stehen und häufig für schwierige Prüfungen lernen müssen. Viele Kinder und Jugendliche reagieren darauf mit Verhaltensweisen, die der japanischen «Harmoniegesellschaft» und den älteren Japanern völlig fremd sind: mit Auflehnung und Gewalttaten, besonders gegen ihre Lehrer, oder mit Apathie und vollkommenem Rückzug.

Glauben à la carte

Ganz unproblematisch erscheint dagegen das Verhältnis der Japaner zur Religion, das sich in einem Punkt grundsätzlich von der westlichen Glaubenswelt unterscheidet: Während man sich hierzulande selbstverständlich zu nur einer Religion bekennt, zeigt schon ein kurzer Blick auf die Statistik der japanischen Glaubensgemeinschaften, daß viele Japaner mehreren Religionen angehören, sich offenbar ganz undogmatisch aus dem

In der Megalopolis Tokyo gibt es sogar diagonale Zebrastreifen, damit sich während der Rush-hour die Menschenmassen nicht stauen (links). Einen Hort der Ruhe stellen die Tempel und Schreine dar (rechts).

breiten Angebot ihren ganz persönlichen Glauben zusammenstellen. Addiert man nämlich die Zahl aller Angehörigen der verschiedenen Religionsgemeinschaften, kommt man auf 217 Millionen – fast 100 Millionen mehr als das Land Einwohner zählt.

Die meisten Anhänger – etwa 110 Millionen – hat der Shintoismus, der «Weg der Gottheiten», die alte eigenständige religiöse Tradition der Japaner, geprägt in vor- und frühgeschichtlicher Zeit und bis zum Ende des Zweiten Weltkriegs Staatsreligion. Sie besitzt, so sagt man, «800 Myriaden Kami (Gottheiten)», doch keinen Begründer, keine offiziellen heiligen Schriften. Der Shintoismus ist keine festgeschriebene Lehre im westlichen Sinn, sondern ein kaum überschaubares Geflecht von Ideen und Idealen, die auf dem Glauben an übernatürliche Wesen und an die Einheit der Welt aufbauen. Zu den wichtigsten Geboten dieses

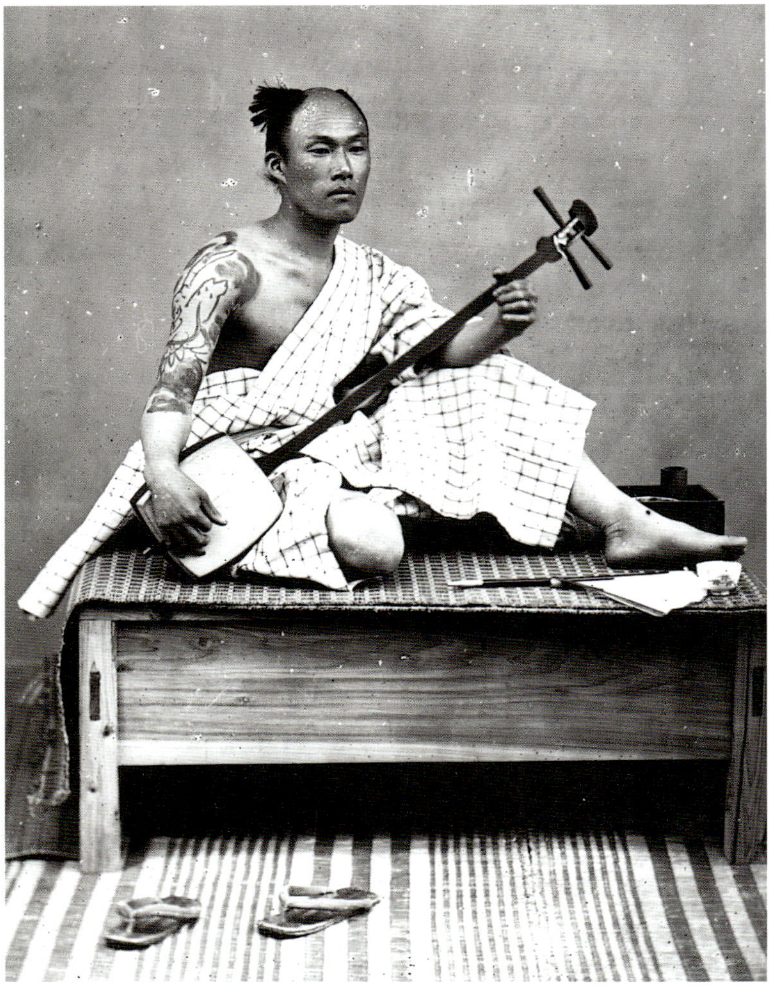

1

2

4

5

6

3

Ab etwa 1870 stellten sich europäische Reisefotografen der Aufgabe, den Osten Asiens in ihren Bildern einzufangen und die exotische Andersartigkeit Japans und seiner Menschen zu dokumentieren.

1 Ein Japaner spielt auf der «Shamisen», einer dreisaitigen Langhalslaute. – 2 Drei Geishas musizieren. – 3 Damals wie heute gehen die Japaner ins öffentliche Badehaus. – 4 Nach herkömmlichem Rollenverständnis hatte die Frau ihrem Mann als treue Gattin zu dienen. – 5 Bei der Schönheitspflege. – 6 Noch immer schlafen viele Japaner auf einem Futon, den sie auf dem Boden ausrollen.

Glaubens gehört die Verehrung der zahllosen Natur- und Ahnengötter, wie etwa die Sonnengöttin Amaterasu-Omikami, die als Urmutter des japanischen Kaiserhauses und damit als Staatsgottheit gilt. Obwohl der Tenno nach der Kapitulation Ende des Zweiten Weltkriegs seinen Anspruch auf Göttlichkeit aufgeben mußte, ist der Shintoismus bis heute eine Art Staatsreligion geblieben. Mehr als achtzig Millionen Menschen pilgern alljährlich an den drei Neujahrstagen zu den Shinto-Schreinen, um den Segen der Götter für ihre Kinder zu erbitten, vor allem zum Meiji-Schrein in Tokyo, in dem der Gründer des modernen Japan verehrt wird.

In vielen Bereichen präsentiert sich Tokyo westlich und hypermodern. Hochhäuser wie das Verwaltungsgebäude im Stadtteil Ueno (oben) und das von Tange Kenzo entworfene Rathaus in Shinjuku (unten) wurden nach neuesten technischen Erkenntnissen erbaut.

Besonders schnell und äußerst komfortabel reist man in den Shinkansen, die Tokyo im 20-Minuten-Takt mit den anderen Metropolen Honshus verbinden. Eine Fahrt zum etwa 500 Kilometer entfernten Kyoto dauert nur drei Stunden.

Wichtigstes Fest der Buddhisten, der mit 96 Millionen Anhängern zweitgrößten Glaubensgemeinschaft, ist das Bon-Fest, bei dem man sich in den Tempeln trifft, um der Ahnen zu gedenken. Mit nur ein bis zwei Millionen Gläubigen liegt das Christentum in Japan zwar weit hinter diesen beiden großen Religionsgemeinschaften zurück. Zumindest einmal im Leben machen jedoch fast alle Japaner mit der christlichen Lehre Bekanntschaft: bei der Hochzeit. Viele andersgläubige Paare lassen sich im Rahmen einer christlichen Zeremonie trauen, ganz einfach, weil ihnen das Ritual eindrucksvoller und festlicher erscheint.

Abstraktion, Zeichenhaftigkeit und Sparsamkeit der Mittel beherrschen die Ästhetik Japans: Werbung auf einer Hauswand (oben); die Rückwand einer No-Bühne ziert eine stilisierte Kiefer (unten); Lasershow im Kunstmuseum in Atami (Honshu), einem der modernsten des Landes (rechts).

Zwischen Häuserschluchten und Bergwäldern

Die Hauptstadt Tokyo und ihre Umgebung

Tokyo – eine Welt der Gegensätze. In dem «fernöstlichen Manhattan» konkurrieren Wolkenkratzer aus Glas und Beton mit schlichten Holzhäusern, wickeln Businessmen ihre Geschäfte per Handy ab, während Mönche Spenden erbitten.

Wer vom internationale Flughafen Narita Richtung Tokyo fährt und sich bald in den Häuserschluchten der weit in die Kanto-Ebene ausgreifenden japanischen Metropole verliert, wird sich kaum vorstellen können, daß Tokyo dicht von menschenleeren Bergregionen umgeben ist. Der Fuji-Hakone-Izu-Nationalpark mit dem heiligen Fuji-san im Südwesten und der Nikko-Nationalpark mit dem prächtigen Toshogu-Schrein sowie dem in 1000 Meter Höhe gelegenen See Chuzenji im Nordwesten ist an Wochenenden und Feiertagen das Ziel vieler Großstädter. Hat man die touristischen Hauptattraktionen erst einmal hinter sich gelassen, kann man aber auf einsamen Wegen rasch vergessen, daß in der Kanto-Ebene auf 580 Quadratkilometern in etwa 4 Millionen Häusern 11,7 Millionen Menschen leben und arbeiten, zu denen an Werktagen weitere 3 Millionen Pendler von außerhalb hinzukommen. Auf Tokyos Straßen mit einer Gesamtlänge von 22 000 Kilometern fahren über 3 Millionen Autos, und die U-Bahnen befördern auf ihrem 180 Kilometer langen Netz zusätzlich fast 5 Millionen Fahrgäste pro Tag. Tokyo – die Stadt der Superlative!

Glitzernder Dschungel auf schwankendem Grund

Ein Rundblick von der Aussichtsplattform des neuen Rathauses von Tokyo im Stadtteil Shinjuku oder eine Fahrt mit der meist oberirdisch verlaufenden Yamanote-Schnellbahn vermitteln einen überwältigenden Eindruck von der Größe und Vielgestalt der vibrierenden Weltmetropole. Allein der Anblick der sich ineinander verwebenden und überraschend wieder auseinander fließenden Verkehrsströme, die selbst tief in der Nacht kaum verebben und sich in kilometerlangen Lichterschlangen schließlich am Horizont verlieren, ist atemberaubend. Schnellstraßen auf hohen Pfeilern überspannen ganze Wohnviertel, ober- und unterhalb führen Bahn- und Schnellbahnlinien entlang, und unter den hohen Betontrassen der Shinkansen-Hochgeschwindigkeitszüge wiederum liegen die alten Straßen und Gassen, unterquert von Kanälen

Nikon

und Flußläufen. Tief im Untergrund rasen die U-Bahnen im Minutentakt von Station zu Station, um Pendler und Einwohner zu ihren Wohnungen und Arbeitsplätzen zu bringen.

Wo liegt in diesem Dschungel aus Wohnvierteln, Hochhausghettos, Verkehrsadern und vereinzelten Parkflächen das Zentrum? Ist es Kaiserpalast oder Meiji-Schrein, das ehrwürdige Bankenviertel Marunouchi oder das Regierungsviertel Kasumigaseki südlich des Palastes, sind es die Verwaltungs- und Vergnügungszentren Shinjuku, Roppongi und Asakusa, die Einkaufsmeile Ginza oder der «Bauch» von Tokyo, der größte Fischmarkt der Welt im Stadtteil Tsukiji (siehe Seite 149)?
Neben diesen altbekannten Mittelpunkten sind neue, zum Teil gigantische Stadtviertel entstanden wie etwa im Norden Ikebukuro, dessen gewaltiger Gebäudekomplex Sunshine City mit seinen sechziggeschossigen Wolkenkratzern Shinjuku den Rang als modernstem Stadtteil abgelaufen hat. Tokyo hat viele Zentren, und der aufmerksame Besucher wird manchmal erkennen, daß die vielen Dörfer und Kleinstädte, aus denen die Metropole zusammengewachsen ist, sich noch immer ihre Mitte und ihren jeweils eigenen Charakter bewahrt haben.

Man kann in Tokyo alles finden, was es auf der Erde zu kaufen und verkaufen, zu sehen und genießen gibt – ein verwirrendes Angebot aller Waren, Dienstleistungen und Vergnügungen. Nur das historische Edo, die in Malerei und Poesie gefeierte schöne Stadt am Fluß Sumida, wird man – meist – vergeblich suchen. Das große Erdbeben von 1923, die Bomben der Amerikaner im Zweiten Weltkrieg, aber auch die wilde Bautätigkeit während der Aufbaujahre haben außer dem wenig spektakulären *Hie-Schrein* aus der frühen Edo-Zeit, der heute im Garten des Hotels «The Capitol Tokyu» im Regierungsviertel Kasumigaseki

Shopping in den unterirdischen Einkaufslabyrinthen ist eines der beliebtesten Freizeitvergnügen der Japaner, zumal die Geschäfte auch an Sonn- und Feiertagen geöffnet haben (links).
Wer sich für Kunst interessiert, sollte die Museen im Areal des Ueno-Parks besuchen. Das Nationalmuseum für Westliche Kunst zeigt Plastiken und Gemälde, hier eine Arbeit des Engländers Henry Moore (rechts).

zu sehen ist, nichts vom alten Tokyo bewahrt. Klopft man an die Säulen des malerischen *Asakusa-Kannon-Tempels*, wird man sofort bemerken, daß diese nicht aus dem originalen Holz der 1651 errichteten Anlage bestehen, sondern aus Eisenbeton nachgebildet wurden (siehe Seite 149). Das Neue aus den Jahren des japanischen Wirtschaftswunders ist wenig vorzeigenswert. Erst in jüngerer Zeit fanden japanische Architektur und Stadtplanung die Kraft zu einem grandiosen Aufschwung, denkt man etwa an

die Kultur- und Musikhalle Ueno (1969) von Maekawa Kunio sowie an die Olympia-Bauten und die Marienkathedrale, die Tange Kenzo (geboren 1913) 1964 schuf. So ist das heutige Tokyo trotz seiner gigantischen Ausdehnungen in vielen Bezirken zu einer Stadt von großem ästhetischem Reiz geworden.

Als Stadt ist Tokyo vergleichsweise jung. 1457 hatte der Provinzfürst Ota Dokan in dem am Mündungsdelta mehrerer Flüsse strategisch günstig gelegenen Fischerdorf Edo eine Festung errichten lassen. Aber erst als 1590 der erfolgreiche Feldherr Tokugawa Ieyasu das Gebiet um Edo als Lehen erhielt, begann der unaufhaltsame Aufstieg des Provinznestes. Nach seinem Sieg über die aufsässigen Daimyo (Territorialfürsten) verlegte er, nun zum Shogun avanciert, seinen Regierungssitz 1603 nach Edo und erbaute dort die mächtigste Festung des Landes, deren gewaltige innere Mauern noch heute den Kaiserpalast umgeben. Um 1720 überschritt die Einwohnerzahl bereits die Millionengrenze. 1868 wurde Edo in Tokyo («Östliche Hauptstadt») umbenannt.

Die Stadt liegt auf unsicherem Schwemmland in einer der am stärksten von Erdbeben bedrohten Regionen Japans. Seit einigen Jahren erwartet man mit zunehmender Sorge die Wiederkehr des großen Erdbebens von 1923 (siehe Seite 56), da sich derartige Katastrophen im Kanto-Gebiet alle fünfzig bis sechzig Jahre

Im Stadtteil Asakusa liegen Tradition und Moderne dicht beisammen. Der Asakusa-Kannon-Tempel ist eine der meistbesuchten Gebetsstätten Tokyos (unten). Ganz in der Nähe reihen sich Kinos, Theater und Restaurants aneinander (oben).

Fortsetzung Seite 58

Rush-hour in Ginza, dem modernsten Einkaufsviertel Tokyos.

Die Blume von Edo

Erdbebenkatastrophen auf dem japanischen Archipel

2

«An 212 Plätzen Tokyos lohten Feuerfackeln auf … Da, wo das Armeebekleidungsamt von Honjo stand, war ein 60 000 Quadratmeter großer Platz … das Ziel der Flüchtenden. Hierher schleppten sie sich mit Päckchen, Bündeln und den Kindern … Doch hier, wo sie sich geborgen glaubten, traf sie das Verderben. Um 4 Uhr rückte das Feuer von drei Seiten heran … Der Rauch zog näher, Funken aus brennenden Häusern streuten sich wie Feuerwerk über die Menschen. Dann aber dröhnte der Sturm, und er peitschte die Feuergarben über den Platz. Ein einziges Stöhnen, und hinter dem Sturm lagen die Gebeine von 35 000 Menschen …».

1

1 und 2 Bei dem heftigen Erdbeben am 17. Januar 1995 wurde Kobe schwer geschädigt. Tausende von Menschen standen hilflos vor den Ruinen ihrer Häuser. Auch die auf Pfeilern erbaute Hanshin-Autobahn, die die Hafenstadt mit Osaka verbindet, stürzte ein und legte den Verkehr lahm.

3 und 5 In Gedenken an das verheerende Erdbeben am 1. September 1923 in Tokyo werden jährlich an diesem Tag Erdbebenübungen in der Stadt durchgeführt.
4 Mishima wurde 1930 von einem Erdbeben heimgesucht.

So beschrieb ein Zeitgenosse die folgenschwerste Erdbebenkatastrophe Japans am 1. September 1923 in Tokyo. Fast 100 000 Menschen starben unter den Trümmern eingestürzter Häuser und in der Feuersbrunst, die nach dem ersten Erdstoß durch zerborstene Öfen entfacht wurde und sich mit rasender Geschwindigkeit als feuerrote «Blume von Edo» in den Holzhausvierteln der Stadt ausbreitete.

3

4

Gut 70 Jahre nach dieser verheerenden Katastrophe, am 17. Januar 1995, bebte die Erde unter der Hafenstadt Kobe an der Osaka-Bucht. Zahllose nach technischen Gesichtspunkten erdbebensichere Bauwerke stürzten ein, mehr als 5000 Menschen kamen ums Leben, und der Sachschaden belief sich umgerechnet auf über 150 Milliarden Mark.

Dies sind nur zwei Beispiele von mehr als 2200 Erdbebenkatastrophen, die sich seit dem Jahr 416 in Japan ereignet haben. Durchschnittlich alle zehn Jahre wird eine Region des Inselreichs von einem Erdbeben mit Todesopfern und schweren Sachschäden betroffen. Etwa drei Beben pro Monat sind so stark, daß sie von der Bevölkerung wahrgenommen werden; die empfindlichen Seismographen in den Erdbebenwarten registrieren jährlich jedoch an die 5000.

Hinzu kommen Seebeben, die sich oft weit entfernt unter dem Grund des Pazifischen Ozeans ereignen. Sie lösen zuweilen gewaltige Flutwellen aus, sogenannte Tsunami, wie etwa die vom 24. Mai 1960, die ihren Ursprung in Südamerika hatte und auf dem japanischen Archipel mehr als 167 000 Menschen obdachlos machte.

5

Die häufigen Beben hängen damit zusammen, daß im Bereich des japanischen Inselbogens drei Platten der Erdrinde aufeinandertreffen und sich über- und untereinanderschieben. Sobald die in der Erdkruste aufgestauten Spannungen stark genug sind, setzen sich die Platten schlagartig in Bewegung und erschüttern dabei den Untergrund in einem weiten Umkreis.

Peter Göbel

wiederholen. Stadtplaner wie Architekten vertrauen jedoch darauf, daß die Erdschwankungen den nach modernsten technischen Gesichtspunkten konstruierten Gebäuden nichts anhaben können. Seit dem verheerenden Erdbeben im Bezirk Kobe 1995 sind jedoch berechtigte Zweifel aufgekommen. Allein die Vorstellung, daß die Weltwirtschaftsmetropole Tokyo auf Wochen lahmgelegt würde, müßte die Finanzmanager weltweit zum Zittern bringen. Für viele kritische Zeitgenossen ist Tokyo ein Symbol für die Gebrechlichkeit unserer modernen Zivilisation: ein glitzernder Großstadtdschungel auf schwankendem Grund.

Inseln der Stille inmitten einer flüchtigen Welt

Was wir von Tokyo vordergründig wahrnehmen, sind Bilder einer flüchtigen Welt, wie sie schon die japanischen Farbholzschnitte überlieferten (siehe Seite 104). Die andere, stillere, vom ruhigeren Geist früherer Zeiten erfüllte Welt der alten Parks und Schreinbezirke wird vergleichsweise selten wahrgenommen, da sie weniger spektakulär ist. Dennoch gibt es wohl kaum eine Megametropole, in der man den gigantischen Menschen-, Ver-

kehrs- und Warenströmen leichter entkommen kann als in Tokyo. Schon ein Spaziergang entlang der aus dem Jahr 1603 stammenden mächtigen dunklen Mauern des *Kaiserpalasts*, die sich mit ihren weißen beschwingten Aufbauten in den breiten Wassergräben der alten Edo-Burg spiegeln, läßt das Gedränge vergessen – wenn auch der Verkehr auf dem Boulevard Uchibori-dori unüberhörbar im Hintergrund brodelt. Das Palastgebäude selbst, das

Wenn auf dem Gelände des Nezu-Tempels Ende April unzählige Azaleensträucher blühen, spazieren die Einwohner Tokyos zu Tausenden durch das üppige Farbenmeer (links). Karpfen gelten in Japan als Glücksbringer und Symbol für Ausdauer und Kraft (rechts).

Ort der Ruhe und Harmonie

Der Park Koraku-en im Norden Tokyos ist der älteste einer Reihe typischer Gartenanlagen der Edo-Zeit. 1626 angelegt, bietet er auf einer Fläche von 7 Hektar liebevolle Nachbildungen von Landschaften und berühmten Sehenswürdigkeiten: den Kiyomizu-Tempel aus Kyoto, eine Vielzahl unterschiedlicher Brücken, Wasserfälle, einen Irisgarten, einen Lotusteich und – ganz unerwartet – ein Reisfeld, das auch heute noch bestellt und abgeerntet wird. Auch ein Konfuzius-Schrein von 1630 ist erhalten geblieben. Das bescheidene Gebäude aus naturbelassenem Holz mit seinem geschwungenen chinesischen Schindeldach läßt kaum erahnen, wie groß die Bedeutung der Lehren des Konfuzius für die Tokugawa-Shogune war. Es lohnt sich, entlang der verschlungenen Wege des ruhigen Parks auf Entdeckungsreise zu gehen.

Auch wenn die japanische Lackkunst heute noch gepflegt wird (Foto um 1870, links), hat bunter Kitsch aus Plastik zumindest die Kinderherzen erobert (rechts).

nach seiner Zerstörung 1945 im Stil der Heian-Zeit zwischen 1964 und 1969 neu errichtet wurde, ist der Öffentlichkeit nur am Geburtstag des Kaisers (23. Dezember) und am 2. Januar zugänglich.

Ganz anders wirkt dagegen die Stille des riesigen *Inneren Gartens*, der den *Meiji-Schrein* umschließt. Kaum ist man durch das mächtige erste Zedern-Torii, das zeremonielle Eingangstor, geschritten, läßt man die hektische Großstadt hinter sich. Es ist erstaunlich, daß es in dieser dicht bebauten Stadt angesichts der astronomischen Bodenpreise eine so großzügige Parkfläche gibt. Die Schreinanlage vermittelt den Eindruck von Harmonie und einer alte Traditionen bewahrenden Ästhetik, wurde jedoch erst 1920 zum Gedächtnis des 1912 verstorbenen Reformkaisers Meiji errichtet. Mehr als 100 000 Bäume und Sträucher stiftete die Bevölkerung ganz Japans, so daß dieser Park alle Baumarten des Landes versammelt. Der in sich geschlossene, abseits des Hauptwegs gelegene und als Irisgarten bezeichnete Landschaftsgarten der Kaiserin Shoken verdichtet den Eindruck von Stille und zeitloser Beständigkeit durch seine anmutige Harmonie. Vor allem während der Blüte der über achtzig Iris- und Schwertlilienarten im Juni und Juli wird ein Besuch zum unvergeßlichen Erlebnis.

Friedliche Gärten und ein «kriegerischer» Schrein

Im *Kita-no-maru-Park* steht die riesige für die Olympiade 1964 von Tange Kenzo erbaute Halle der japanischen Kampfsportarten *Nippon Budokan*. Die an frühjapanische Architektur erinnernde achteckige Halle wird heute vorwiegend für Popkonzerte genutzt.

Außerhalb des Parks liegt nordwestlich der Sportstätte der eindrucksvolle *Yasukuni-Schrein*. Er wurde 1869 zu Ehren aller Krieger errichtet. Der Schrein war Mittelpunkt des in der Meiji-Periode eingeführten «Staats-Shinto», ein für alle Untertanen des Kaisers gleich welcher Religionszugehörigkeit verbindlicher Kult der Staatsethik und des Patriotismus. Seit Ende des Zweiten Weltkriegs ist er das wohl umstrittenste Heiligtum des Landes. Viele alte Männer, ausstaffiert mit militärischen Abzeichen, erweisen hier den Gefallenen aller von Japan geschlagenen Schlachten die Ehre – selbst den als Kriegsverbrecher verurteilten Militärs des Zweiten Weltkriegs. Die Exponate im Yushukan, einem Nebengebäude des Schreins, darunter ein Kamikaze-Flugzeug, sind fragwürdige Andenken an die seit dem Chinesisch-Japanischen Krieg 1894/95 geführten Kämpfe.

Im westlich des Kaiserpalasts gelegenen Stadtteil Shinjuku erstreckt sich heute der mit 58 Hektar größte Landschaftsgarten Tokyos, der *Shinjuku-gyoen*, der Mitte des 17. Jahrhunderts konzipiert wurde. Die Anlage, die einst im kaiserlichen Besitz war, bestand ursprünglich aus einem japanischen und einem chinesischen Garten. Anfang dieses Jahrhunderts wurde sie um einen Garten im englischen und einen weiteren im französischen Stil ergänzt. In dem dichtbesiedelten Stadtviertel ist der Park mit seinen großzügigen Wasser- und Rasenflächen und den eleganten Landschaftsnachbildungen ein unverhoffter Ort der Ruhe und Entspannung. Die rund 1500 japanischen Zierkirschen, die hier in über siebzig verschiedenen Unterarten angepflanzt wurden, machen den Shinjuku-gyoen zur Blütezeit im April nicht nur bei den Einheimischen zu einer vielbesuchten Attraktion Tokyos.

Zu den besten Beispielen edozeitlicher Gartenarchitektur zählen der wenig bekannte Park *Koraku-en* (siehe Seite 59) nördlich des Kaiserpalasts und der *Rikugi-en* ganz im Norden. Zen-

お面
500円
販売員
水中花
8756.0514

trum des schönen und idyllischen Rikugi-en sind ein großer See mit künstlicher Insel und ein Hügel mit alten Bäumen, auf dem ein kleines klassisches Teehaus steht.

Nicht weniger als die alten Feudalparks bilden die zahllosen, von der neuzeitlichen Hektik fast unberührten alten Wohndistrikte einen Kontrast zu dem gewohnten Tokyo-Klischee. Oft nur wenig abseits der großen Zentren finden sich kleine Gassen mit ein- bis zweistöckigen Einfamilienhäusern, schmale, meist zur Straße hin offene Geschäfte für den täglichen Bedarf, traditionelle Imbißstuben, Sake-Lokale und dazwischen kleine Schreine und buddhistische Tempel, die nur für die unmittelbaren Anwohner selbst von Bedeutung sind. Um Tokyo in seiner ganzen Vielschichtigkeit kennenzulernen, lohnt es sich daher auch, einmal an einem beliebigen Bahnhof der Yamanote-Schnellbahn auszusteigen und ziellos durch die Straßen zu bummeln.

Der Fuji-san – Berg der Götter

Das Wochenendziel vieler Hauptstädter ist die äußerst reizvolle Berglandschaft des Fuji-Hakone-Izu-Nationalparks mit dem *Fuji-san*. Mit 3776 Metern ist er der höchste Berg Japans. Sein erhabener ebenmäßiger Kegel gilt seit alters her als Sitz bedeutender Gottheiten. Auch im Hochsommer von einer weißen Haube gekrönt, war und ist er ein immer wiederkehrendes Motiv großer Holzschnittkünstler wie Hiroshige oder Hokusai (siehe Seite 104) und Generationen von Hobbyfotografen. Der 500 mal 220 Meter große, seit 1707 erloschene Gipfelkrater wird als heiliger Bezirk verehrt. Besonders aus der Ferne ist der Anblick des klassischschönen Vulkankegels unvergeßlich. Aus der Nähe betrachtet büßt der majestätische Berg dann allerdings viel von seiner Würde ein: Ödes Steingeröll bietet in den höheren Regionen eine wenig attraktive Szenerie, und die Verunreinigungen von mehreren hunderttausend Bergwanderern tun ein Übriges.

Nördlich des Fuji-san breitet sich eine waldreiche Seenlandschaft aus, die mit ihren berühmten Thermalbädern ganzjährig zu den beliebtesten Naherholungsgebieten Tokyos zählt. Von dem Badeort Odawara am Atlantik führen zahlreiche Bus- und Bahnlinien, in den höheren Regionen dann Bergbahnen, ins Zentrum des *Fuji-Hakone-Izu-Nationalparks*, den man sich am besten auf einer Fahrt mit der Kabinenseilbahn von Gora aus erschließt. Über das «Große kochende Tal» (Owakudani) hinweg, einer rauchenden, dampfenden und unwirtlichen Vulkanlandschaft, geht es nach Togendai am Nordufer des wunderschönen Ashi-Sees, in dem sich der Fuji-san malerisch spiegelt.

Japans ältester Kampfsport ist der Sumo-Ringkampf, der in der Edo-Zeit seine heute noch gültige Form fand. Zwischen 90 und 160 Kilogramm wiegen die Ringer, deren Ziel es ist, den Gegner zu Boden zu werfen oder aus dem Ring zu drängen (Foto unten um 1870).

Nikko – Schutz für die Hauptstadt

Tokugawa Ieyasu (1542–1616), der Begründer der mächtigen Tokugawa-Dynastie, der das nach jahrzehntelangen Feudalkriegen zerrissene Reich mit eiserner Hand geeinigt hatte, wählte den einsamen Gebirgsort Nikko zu seiner letzten Ruhestätte. In der Gewißheit, nach seinem Tode als Shinto-Gottheit und Inkarnation Buddhas verehrt zu werden, wollte er seiner Stadt Edo einen letzten großen Dienst erweisen. Nikko, heute ein Ort mit 30 000 Einwohnern, liegt nördlich von Tokyo. Nach aus China überlieferten Vorstellungen drohten aus dem Norden böse Geister. Durch die Pracht und die Ausmaße seines Schreins wollte Ieyasu Edo noch nach seinem Ableben schützen und gleichzeitig die über seinen Tod hinaus wirksame Macht seines Shogunats unterstreichen. Aber erst 1634 rief sein Enkel Iemitsu 15 000 Handwerker und mehr als hundert der bedeutendsten Künstler seiner Zeit zusammen, um in nur zweijähriger Bauzeit eine der schönsten und gewaltigsten Schrein- und Tempelanlagen Asiens zu errichten.

Die neben buddhistischen Tempel- und Klosteranlagen überwiegend shintoistischen Bauwerke breiten sich in vollendetem Einklang mit der Natur über ein riesiges mit alten Zedern bestandenes Berggelände am Rand des Nikko-Nationalparks aus. Den

Dezente Kimonos und grellbunte Neonreklame, strenge Teezeremonie und wildes Nachtleben, klassisch-stille Landschaftsgärten und modernste Konsumtempel – der Faszination Tokyos, seiner Mischung aus fernöstlicher und westlicher Kultur, kann sich kaum jemand entziehen.

Eingang zum Schreinbezirk bildet die 1907 rekonstruierte, geschwungene, leuchtendrot lackierte *Heilige Brücke* (Shinkyo), die nur von hohen Priestern zu zeremoniellen Anlässen betreten werden darf. Die ersten Gebäude, die sich im danach angrenzenden Bergwald erheben, sind buddhistische Heiligtümer und gehören zum Tempel *Rinno-ji*. Die shintoistischen Gebäude erreicht man durch ein erstes gewaltiges Stein-Torii. Hinter dem Haupttor *Nio-mon* (auch Omote-mon) liegen in verschwenderischer Pracht die Hauptgebäude des *Toshogu-Schreins* wie das Tor des Sonnenlichts (Yomei-mon), das chinesische Tor (Kara-mon), der Speicher für zeremonielle Gerätschaften, der Stall für die heiligen Pferde, der Trommel- und der Glockenturm, die Halle für die Kagura-Kulttänze (Kagura-den), die Gebetshalle (Haiden), das Sanktuarium (Honden) und die inneren Umfassungszäune. Das mit glänzenden Lackfarben, Schnitzwerk und Gold verzierte *Traumtor* (Yomei-mon) wurde von Kano Tanyu (1602–1674) und Kano Yasunobu (1613–1685) gestaltet. Sie waren die beiden bedeutendsten Maler der Kano-Schule, die sich mit der dekorativen Innenbemalung von Palästen und Tempeln einen Namen machte. Um durch die Vollkommenheit des Traumtors nicht den Neid böser Götter zu erregen, wurden die Verzierungen an einer der zwölf Säulen des Tores absichtlich verkehrt herum angebracht.

Ein Blick vom Rathaus auf die Wolkenkratzer im Stadtteil Shinjuku.

Im westlichen Teil des Nikko-Nationalparks liegt in einer Höhe von 1271 Metern der *Chuzenji-See* in eine malerische Berglandschaft eingebettet. Überragt wird der See von dem 2484 Meter hohen *Nantai*, einem der heiligen Berge Japans. Der über tausendjährige Futarasan-Schrein auf seinem Gipfel ist seit dem 8. Jahrhundert ein beliebtes Pilgerziel. Das großartige Berg- und Seenpanorama zu seinen Füßen ist vor allem während der prächtigen Herbstfärbung der weitgehend unberührten Wälder die Mühe des gut vierstündigen beschwerlichen Aufstiegs wert.

Kamakura – im Angesicht des Großen Buddha

Eine gute Stunde mit der Bahn von Tokyo entfernt liegt im Südwesten an der malerischen Sagami-Bucht die Stadt Kamakura, eine wirtschaftlich unbedeutende, aber schöne Stadt mit rund 175 500 Einwohnern. Zwischen 1192 und 1333 hatte die mächtige Minamoto-Familie hierhin den Sitz der Militärregierung verlegt, um dem dekadenten Hofleben in Kyoto zu entgehen. Aus diesem

Das Kunstmuseum in Atami auf der Halbinsel Izu geht auf Mokichi Okada (1882–1955), den Gründer des Museums in Hakone, zurück. Anläßlich seines hundertsten Geburtstags wurde es 1982 eingeweiht. Neben Farbholzschnitten, Keramik, Edelmetall- und Lackarbeiten ist hier auch eine Lasershow zu bewundern.

Grund birgt Kamakura heute noch immer eine unglaubliche Fülle an Kunstschätzen. Mit 65 Tempeln und 19 Schreinen gleicht die Stadt einem riesigen kunsthistorischen Freilichtmuseum. In unmittelbarer Nähe des Bahnhofs Kita-Kamakura, der außerhalb des Zentrums liegt, reihen sich entlang einer schattigen Zedernallee die Gebäude des 1282 gegründeten Tempels *Engaku-ji*. Das Erdbeben von 1923 überstand die 1285 im chinesischen Zen-Stil erbaute Reliquienhalle (Shariden). Ihr elegant geschwungenes Schindeldach vermittelt den Eindruck großer Erhabenheit. In der

Der Sport hat bei den Japanern einen hohen Stellenwert. Am populärsten sind Baseball, Golf und Tennis. Im Winter ist die schneereiche Region um Nagano, Austragungsort der Winterolympiade 1998, ein beliebtes Ziel zum Skilaufen.

Der Einfluß aus dem Westen dokumentiert sich auch in der Mode (unten). Obwohl japanische Modeschöpfer wie Yamamoto und Issey Miyake inzwischen internationalen Erfolg haben, sind Kreationen westlicher Modeschöpfer in den Boutiquen Tokyos gefragt. In fast jeder japanischen Familie zieht man Bonsai, die man von Generation zu Generation wie eine kostbare Antiquität vererbt (rechte Seite).

Teehalle (Butsunichi-an) erhalten die Tempelbesucher grünen Tee und Gebäck – mit Andacht an diesem außergewöhnlichen Ort genossen ein besonderes Erlebnis.

Der idyllisch in einem Zedernhain gelegene Tempel *Kencho-ji* aus dem Jahr 1253 ist der wichtigste der fünf Zen-Tempel Kamakuras. Er wurde mehrfach durch Brände und Überfalle zerstört, aber immer wieder originalgetreu aufgebaut. Die Haupthalle des Tempels – eine Rekonstruktion aus dem Jahr 1646 – gilt als das schönste Beispiel der Kamakura-Architektur. Deren Merkmale sind das Zurückweichen des verspielten chinesischen Baustils zugunsten einer strengen Gliederung, außerdem wurde naturbelassenes Holz als Baumaterial verwendet. Zu den wertvollen Kunstwerken im Tempel gehören die zweitälteste Bronzeglocke von Kamakura (1255) und die Holzstatue des Kamakura-Shoguns Hojo Tokiyori (1227–1263).

Die Straße Wakamiya-Oji, an der schöne Geschäfte und kleine Lokale liegen, führt zum *Tsurugaoka-Schrein* (1063 gegründet), der dem Kriegsgott Hachiman geweiht ist. Er wurde mit mehreren Torii, einer Kagura-Tanzhalle und der Haupthalle erst 1191 an den bewaldeten Berghang versetzt. Die heutigen Gebäude der Schreinanlage von 1828 sind ein Beispiel des prunkvollen Momoyama-Stils. Charakteristisch hierfür sind die rote Lackierung und die reichen Verzierungen.

Der Höhepunkt eines Besuchs in Kamakura, vielleicht sogar einer Japan-Reise überhaupt, ist der *Große Buddha* (Daibutsu) im Tempel Kotoku-in. Die Figur stand ursprünglich, wie auch der

HONDA
9 大阪 め
91-37

Er inspirierte Dichter, Maler und Fotografen zu allen Jahreszeiten: der Fuji-san, mit 3776 Metern der höchste Berg Japans. Auch wenn der letzte Ausbruch fast dreihundert Jahre zurückliegt, wird der Fuji-san immer noch zu den aktiven Vulkanen gerechnet.

Der Fuji-san, eine japanische Ikone. Unzählige Farbholzschnitte Katsushika Hokusais (1760–1849), hier «Die große Woge», zeigen den Berg.

Daibutsu des Todai-ji in Nara, in einer riesigen Tempelhalle, die 1495 durch eine mächtige Springflut weggespült wurde. Die Grundmauern, auf denen die Säulen der Halle ruhten, kann man noch erkennen. Der Buddha mit einer Höhe von 11,4 Metern und einem Gewichte von 93 Tonnen wurde 1252 von Ono Goroe aus einzelnen, in Bronze gegossenen Platten zusammengesetzt. Die Nahtstellen der Platten sind gut zu erkennen. Die Sitzfigur nimmt eine Mudra-Haltung ein: Die auf den gekreuzten Beinen ruhenden Handflächen sind nach oben gekehrt. Die beiden Zeigefinger stehen senkrecht, berühren sich und bilden zusammen mit den sich ebenfalls berührenden Daumen die zwei Kreise der Vollkommenheit. Diese Position drückt in der Symbolsprache des Buddhismus den festen Glauben aus. Die Augen sind halb geschlossen, die runden Schultern und der schwungvoll nach unten und innen sich verengende Faltenwurf des weiten Gewandes verleihen der Statue ihren einzigartigen Ausdruck konzentrierter Ruhe, vollkommener Stille und leidenschaftsloser Versenkung. Mit Recht zählt die klassisch zu nennende Figur des Großen Buddha zu den erhabensten Kunstwerken der Welt. Wer sich Zeit und Ruhe für seine Betrachtung nimmt, vergißt bald seine kolossale Größe und wird – trotz der zahlreichen Besucher – von dem großen Frieden, den diese Figur ausstrahlt, ergriffen. So sagt der Daibutsu von Kamakura sicherlich mehr über den Geist Japans aus als all die Prachtentfaltung, die man in Nikko bewundern kann.

Vielfalt in der Einheit

Der Kimono – genial einfach

2

1

1 Beim Besuch eines Schreins bevorzugen viele Japaner den Kimono als traditionelles Kleidungsstück.

2 Kostbare Seidengewänder werden mit Gold- und Silberfäden bestickt.

3 Muster und Farbgebung eines Kimonos verraten dem erfahrenen Beobachter viel über seine Trägerin.

4 Ein von Hand kunstvoll bemalter «Obi» aus Seide, der das Kleidungsstück ohne Knöpfe, Laschen und Bänder zusammenhält, übersteigt den Wert eines Kimonos oft um ein vielfaches.

Der Kimono setzte sich Ende des 16. Jahrhunderts gegen die chinesisch beeinflußte Kleidung des Hofes allmählich mit standesbedingten Varianten in allen Schichten durch. Das ebenso kleidsame wie in der Herstellung praktische Kleidungsstück wird für Frauen und Männer nach demselben Grundschnitt aus einzelnen, 36 Zentimeter breiten Stoffbahnen genäht. Die überschüssige Länge wird beim Frauenkimono in der Taille hochgenommen und vom «Obi», dem Gürtel, gehalten. Da auch die Weite beliebig zu verändern ist, paßt ein Kimono immer. Je nach Jahreszeit gleicht man mit mehreren Unter- und Überkimonos die Temperaturen aus.

3

4

Der japanische Schneider kann sich mit seiner Kundin also ganz auf die richtige Wahl der Stoffe, Muster und Farben konzentrieren. Denn darin liegt die ganze Raffinesse dieses Kleidungsstücks. Einfache Kimonos mit aufgedruckten und auf die Jahreszeiten abgestimmten Mustern – etwa Bambus, Kiefern oder Pflaumenzweige – werden meist aus Baumwollstoffen gefertigt und sind für wenige hundert Mark zu erstehen. Gewänder aus Seide und Brokatseide mit eingewebtem Dessin können als Unikate 50 000 Mark und mehr kosten. Die prächtigen, bis zu 100 000 Mark teuren Hochzeitskimonos werden meist gemietet. Unverheiratete und junge Frauen wählen für ihre Kimonos helle Stoffe mit bunten Mustern. Auch die langen Ärmel sind ein Zeichen dafür, daß eine Frau noch ledig ist. Mit zunehmendem Alter werden die Farben dunkler und die Motive dezenter. An besonderen Festtagen wie Neujahr und Shichi-go-san (Sieben-Fünf-Drei), an dem die drei-, fünf- und siebenjährige Kinder zur Segnung zum Familienschrein geführt werden, tragen die jungen Frauen und Mütter die prächtigsten Kimonos. Bei diesen festlichen Gewändern findet sich häufig zwischen den Schultern das Familienwappen. Besonderer Wert auf eine kunstvolle Ausführung wird beim Frauen-Obi gelegt, der gewöhnlich aus schwerer Brokatseide gewebt ist. Er wird zweifach um die Hüfte geschlungen und auf dem Rücken mit einer Schleife geschlossen.

Die auch bei uns beliebten Baumwoll-Kimonos, die Yukata, sind Badegewänder, die man nur in Thermalbadeorten öffentlich trägt. Auch im Ryokan, dem traditionellen Hotel, und im häuslichen Bereich sind sie noch immer verbreitet.

Unterstrichen wird die Anmut der Japanerinnen in ihren Kimonos durch angemessen kleine Schritte und zurückhaltende Gesten.

Norbert Hormuth

5

6

8

7

5 bis 8 Heute tragen nur noch wenige Frauen den Kimono. Doch nach wie vor legen sie großen Wert auf die Wahl des passenden Stoffes, der dem jeweiligen Anlaß, ihrem Alter, ihrer gesellschaftlichen Stellung und auch ihrem ganz individuellen Geschmack entsprechen soll.

Das alte Herz Japans

Kyoto und seine Umgebung

Die zwischen grünen Hügelketten gelegene Ebene um Kyoto und Nara, die Yamato-Ebene, war von alters her wegen ihrer strategisch günstigen Lage ein bevorzugtes Siedlungsgebiet. Die Stammesfürsten dieser Region, denen es gelang, die Oberherrschaft über das gesamte Inselreich für sich zu gewinnen, hinterließen eine Fülle von Zeugnissen ihrer Macht. Sie reichen von den Kaisergräbern der Kofun-Kultur bei Nara und Osaka über frühe Schrein- und Klostergründungen, deren bedeutendste der Horyu-ji ist, bis hin zu den Prachtbauten der Momoyama-Periode, für die das Kloster Nishi-Hongan-ji als beispielhaft gilt. Die aus der strengen Ästhetik des Zen entwickelten Tempel wie der Daitoku-ji und Trockengärten wie der des Ryoan-ji machen Kyoto zu einem Mekka für Kunstinteressierte. Auch die großzügigen Paläste, Sommerresidenzen und Landschaftsgärten, die seit Beginn des 17. Jahrhunderts entstanden, lohnen als Zeugnisse einer hochentwickelten und aufs Äußerste verfeinerten Kultur unbedingt einen Besuch.

Kyoto ist berühmt für seine ehrwürdigen Tempel und klassisch-strengen Steingärten, hier der des Tempels Ryogen-ji (oben). Mit seiner roten Bemalung unter grünen Dachziegeln gehört der Heian-Schrein zu den eindrucksvollsten Heiligtümern der Stadt (unten). Die schlichten Räume eines Ryokan sind mit Reisstrohmatten ausgelegt (rechte Seite).

Versteckte Perlen der Architektur in Japans Kulturhauptstadt

Kyoto war von 794 bis 1868 Sitz des Kaiserhauses und gilt seit dieser Zeit als das Zentrum japanischer Kultur und Religiosität. Wer bei seinem ersten Besuch eine außergewöhnlich schöne Stadt erwartet, wird jedoch enttäuscht sein. Auf dem Weg ins Stadtzentrum findet man auch hier die gesichtslose Zufallsarchitektur anderer japanischer Großstädte, der keine städteplanerische Konzeption zugrunde zu liegen scheint. Dabei war Kyoto ab 793 nach dem Vorbild der chinesischen Kaiserstadt Chang'an (heute Xian) nach einem noch immer am Verlauf der Straßen klar

Vielbesuchte Ziele in Kyoto sind der Heian-Schrein (links das Gästehaus) und die vier klassisch-strengen Zen-Gärten des Tempels Daitoku-ji (rechts).

erkennbaren schachbrettartigen Muster errichtet worden. Der Zweite Weltkrieg und der anschließende Bauboom ließen hiervon nur den rechtwinkligen Straßenverlauf übrig, der die Orientierung anhand eines Stadtplans überaus leicht macht.

Der Reichtum Kyotos an weltlichen und religiösen Kulturdenkmälern ist unermeßlich. Die Stadt mit ihren 1,5 Millionen Einwohnern verbirgt ihre Schönheiten allerdings meist hinter hohen Kloster- und Palastmauern. Deshalb bedarf es vielfach geduldigen Suchens, um die Wunderwerke klassischer japanischer Architektur und Gartenkunst aufzuspüren. Zudem wurden einige Klöster und Gärten in den letzten Jahren zum Schutz vor dem stark wachsenden Besucherandrang geschlossen oder können nur nach umständlichen Genehmigungsverfahren besichtigt werden. So kann man von der riesigen Anlage des Tempels *Nishi-Hongan-ji*, der seit 1591 hier seinen Sitz hat, ohne Voranmeldung nur das Haupttor (Sei-mon), das eindrucksvolle weiträumige Tempelgelände und die mächtige Haupthalle (Hondo) besuchen. Es lohnt jedoch, sich drei Tage zuvor im Klosterbüro anzumelden, um die Staatsräume des großen Heerführers und kurzzeitigen Militärherrschers Toyotomi Hideyoshi (1536–1598) zu sehen, die nach der Zerstörung seines Schlosses in Fushimi bei Kyoto 1632 hier untergebracht wurden. Die Räume sind von erlesener Eleganz: Auf dem Goldgrund der großen Schiebetüren haben Maler der Kano-Schule Pflanzen, Tiere, Fächer und historische Szenen festgehalten. Prächtige, teils bemalte Schnitzereien schmücken die Holzrahmen über den Türen, und die Kassettenholzdecken der einzelnen Säle sind mit immer neuen, sich nie wiederholenden Ornamenten reich verziert. In Hideyoshis Empfangshalle Shiro-shoin übertreffen sich die Künstler noch einmal selbst. Alle Räume sind nach in sich geschlossenen Themenbereichen und mit jahreszeitlichen Bezügen gestaltet.

Tritt man durch eines der mächtigen Tore des Klosters *Higashi-Hongan-ji*, das 1602 gegründet und 1895 im Momoyama-Stil erneuert wurde, fühlt man sich in eine andere Zeit versetzt: Die Ruhe, die Weite des mit weißgrauem Kies bestreuten Kloster-

geländes und die ausladenden weitgeschwungenen Dächer der Klosterhallen scheinen wie aus einer anderen Welt. Das prachtvolle Chokushi-Tor stand ursprünglich ausschließlich den kaiserlichen Boten offen.

In Kyoto, fast 1100 Jahre lang das bedeutendste Kulturzentrum des Landes, gibt es noch zahlreiche Kunsthandwerker. Die Palette geschmackvoller Souvenirs, etwa eines Lackschirms, ist hier besonders groß.

Eines der seltsamsten buddhistischen Bauwerke Kyotos ist der Tempel *Sanju-sangendo*, 1164 gegründet und 1266 nach einem Brand wiederaufgebaut. Sanju-san bedeutet «dreiunddreißig», womit die 33 Zwischenräume zwischen den tragenden Pfeilern des 119 Meter langen schmalen Gebäudes gemeint sind. Diese symbolisieren die 33 Stufen der Menschwerdung der Kannon, Bodhisattwa der Barmherzigkeit. Die wertvolle, um 1254 geschaffene Holzfigur der tausendarmigen Kannon im Tempelinnern wird flankiert von 1001 kleineren Kannon-Statuen und 28 ihrer Jünger.

Während der Kirschblüte, aber auch im Sommer lohnt ein Ausflug von Kyoto nach Arashiyama. Hier kann man auf dem Fluß Oi seine Ruderkünste unter Beweis stellen.

Gegenüber dem Sanju-sangendo liegt Kyotos *Nationalmuseum*. Die reichhaltigen Sammlungen vermitteln einen umfassenden Überblick über das kulturelle Erbe Japans.

Das *Gion-Viertel* breitet sich zwischen dem Fluß Kamo und dem Park des Yasaka-Schreins (auch Gion-Schrein) aus. In diesem malerischen Stadtteil haben sich einige Straßenzüge und schmale Gassen ihren altjapanischen Charakter bewahrt. In traditionellen Teehäusern unterhalten Geishas ihre zahlungskräftigen Kunden mit den in langjähriger Ausbildung erworbenen Künsten des Musizierens, Tanzens und der gepflegten Konversation. Während des Miyako-Festes zwischen Anfang April und Mitte Mai können auch Touristen einen Einblick in diese geheimnisvolle und fremde Welt erhalten, wenn die Geishas ihre Tänze öffentlich vorführen.

Im Einklang mit der Natur

An den Berghängen östlich des Gion-Viertels wurden einige der bedeutendsten und schönsten Tempel Kyotos erbaut. Auf einer kühnen mächtigen Konstruktion aus verzapften Holzbalken, die an ihrer höchsten Stelle 50 Meter aufragt, ruht der Tempel

Kiyomizu-dera, 805 gegründet und 1633 erneuert. Von einer Holzveranda hoch über den Bäumen genießt man einen wundervollen Blick über Kyoto und die umliegenden Berge.

Eine belebte enge Einkaufsgasse mit zahlreichen Restaurants, kleinen Hotels und Andenkenläden führt steil hinauf zum *Ginkaku-ji*, dem Silbernen Pavillon. Er trägt diesen Namen, weil er ursprünglich mit Silber überzogen werden sollte. 1482 als Landsitz für den Ashikaga-Shogun Yoshimasa errichtet, wurde der Ginkaku-ji nach dessen Tod in ein Kloster umgewandelt. Im Pavillon befindet sich ein Teeraum, der als Vorbild aller klassischen

1001 kleine Statuen der tausendarmigen Kannon, dem meist weiblich dargestellten Bodhisattwa der Barmherzigkeit, umgeben die große Statue der Kannon im Sanju-sangendo in Kyoto (oben). Der verspielte Kinkaku-ji, der Goldene Pavillon, liegt inmitten eines prachtvollen Parks im Nordosten Kyotos (unten).

Steinlaternen, wie sie hier ein Steinmetz auf Vorrat hergestellt hat, weisen in den streng gestalteten Teegärten den Weg zum Teehaus (oben).
Auch heute wird die japanische Lackkunst an Kunsthochschulen gelehrt. Ihren Glanz erhalten die Lackarbeiten erst durch sorgfältiges Polieren (unten).

Teeräume gilt. Um den in zurückhaltender Eleganz im Geist des Zen erbauten zweistöckigen Pavillon breitet sich einer der schönsten Zen-Gärten Kyotos aus. Eine weiße sorgfältig geharkte Sandfläche mit einem geometrisch exakt geformten Stumpfkegel symbolisiert die chinesische Westsee und den Fuji-san. Tempel, Steinsetzung und der sich dahinter anschließende Moosgarten, der weite Park, der sich allmählich im ansteigenden Wald verliert, sowie die zum Tempel führenden Wege und Tore bilden eine in sich geschlossene atmospärische und ästhetische Einheit, wie man sie vollkommener nur selten findet.

Der Fushimi-Inari-Schrein in Kyoto ist der Göttin des Reisanbaus geweiht. Shinto-Priester bitten hier im Frühjahr mit Gebeten und Opfergaben um eine gute Ernte (oben). Auch das Abbrennen von Räucherstäbchen soll dazu dienen, die Götter gnädig zu stimmen (unten).

Zentren der Macht und Herrlichkeit in Kyotos Mitte

In der Stadtmitte liegen nahe beieinander all jene Orte, an denen die Tokugawa-Shogune einst ihre Macht ausübten und ihre höfischen Zeremonien abhielten. Der großräumige *Kaiserpalast* (Gosho) inmitten eines 89 Hektar großen ummauerten Geländes wird seit der Meiji-Restauration nur noch selten vom Kaiser aufgesucht. Selbst auf die Benutzung der großen Zeremonienhalle (Shishi-den) verzichtete man bei der Inthronisation Kaiser Akihitos aus Sicherheitsgründen. Der heutige Palast, 1788 errichtet und nach Bränden 1855 nach altem Vorbild wiederaufgebaut, besteht gemäß japanischer Tradition nicht aus einem einzigen geschlossenen Komplex, sondern aus 18, meist durch Galerien miteinander verbundenen Einzelgebäuden, die jeweils unterschiedlichen Funktionen dienen. Alle Bauten wurden aus naturbelassenem Holz errichtet und mit mächtigen Rindendächern gedeckt.

Nicht weit entfernt vom Kaiserpalast erhebt sich das prachtvolle Schloß *Nijo-jo*, das der Shogun Tokugawa Ieyasu für seine Besuche in Kyoto zwischen 1601 und 1603 erbauen ließ. Auch dieses Schloß gliedert sich in zahlreiche, durch Korridore verbundene Gebäudeteile. Es unterscheidet sich aber vom Kaiserpalast durch seine burgartigen Befestigungsanlagen und die ganz auf Repräsentation und auf Demonstration von Macht und Reichtum zielende Ausstattung mit reichen Schnitzereien

In vielen Schreinen können die Gläubigen Zettel mit Orakelsprüchen kaufen. Werden darin ungünstige Voraussagen gemacht, bindet man sie zusammengefaltet zur Abwehr böser Omen an einen Strauch oder Baum (links). Die bunten Papierketten aus Hunderten von Kranichen in der Origami-Technik sind Friedensbänder (rechte Seite).

Fortsetzung Seite 86

Chanoyu

Die Zeremonie des Teetrinkens

5 Auch auf Farbholzschnitten wurde die Teezeremonie zum Thema gemacht.
6 und 7 Von erlesener zeitloser Schlichtheit: Teeschalen aus Keramik (oben) und aus einem Holzblock gedreht (unten).

1

2

3

4

1 Eine Geisha in farbenprächtigem Kimono und mit kunstvoller Frisur führt die Teezeremonie vor. In rhythmischen Bewegungen schlägt sie mit einem kleinen Bambusbesen den Tee schaumig.
2 Die jungen zarten Blätter von mindestens 20 Jahre alten Teesträuchern werden nach dem Trocknen zu grünem Pulver zerrieben.
3 In dem gußeisernen Kessel wird das Wasser zum Sieden gebracht.
4 Auf einem Lacktablett liegen Besen und Löffel aus Bambus für die Teezeremonie bereit.

Seit mehr als 1000 Jahren trinken die Japaner Tee. Bei der Einführung des Buddhismus im 6. Jahrhundert war das Teetrinken zunächst Teil buddhistischer Zeremonien in den Tempeln. Ihren heutigen Sinngehalt als weltliches Gesamtkunstwerk von Architektur, Keramik, Malerei und Gartenkunst erhielt das «Chanoyu», die Teekunst, im 16./17. Jahrhundert durch die Teemeister Sen-no Rikyu und Kobori Enshu. Das Chanoyu führt auf den «Chado», den Teeweg, und macht den Teilnehmer zum «Chajin», zum Teemenschen.

5

6

Gaumenfreuden darf man bei der Teezeremonie nicht erwarten. Leibliche Genüsse verspricht allenfalls das «Kaiseki», ein Mahl vor Beginn (siehe Seite 117). Schließlich soll der Chado zur Selbstfindung, zur inneren Harmonie, zum Aufgehen im Kosmos führen.

Selten mehr als fünf Chajin nehmen an der Zeremonie teil, die von der Teemeisterin oder dem Teemeister geleitet wird. Die schlichten, aber kostbaren Utensilien sind um die in den Fußboden eingelassene Feuerstelle gruppiert: Teeschale und Teedose, Wassergefäß, eiserner Kessel, Schöpflöffel, Bambusbesen und grüner, zu Pulver zerriebener Tee. Ein mit wenigen Rollbildern geschmücktes

7

und mit Reisstrohmatten ausgelegtes Teezimmer oder ein Teehaus inmitten eines japanischen Landschaftsgartens ist Schauplatz des Zeremoniells.

Die Zeremonie dauert mehrere Stunden, die die Teegesellschaft auf Knien sitzend zubringt. Der Teemeister reinigt die Utensilien symbolisch mit einem seidenen Tuch, bevor er das grüne Teepulver in der Schale mit siedendem Wasser übergießt. Die Flüssigkeit wird solange mit dem Teebesen geschlagen, bis sich ein leichter Schaum bildet. Der erste Gast trinkt einen kleinen Schluck des dickflüssigen bitteren Getränks und revanchiert sich beim Teemeister mit einem Kompliment. Nach zwei weiteren Schlückchen und bewundernden Worten über die Teeschale wird sie an den nächsten Gast weitergereicht, nicht ohne den Rand mit einem Tuch gereinigt zu haben. Die anschließenden Gespräche drehen sich um künstlerische und ästhetische Fragen. Mit einer weiteren Schale Tee für jeden Gast und gegenseitigen tiefen Verbeugungen endet das Zeremoniell, das in Japan von weniger als zwei Prozent der Bevölkerung regelmäßig praktiziert wird. Ausländische Gäste können in den Hotels der Touristenzentren an einer Teezeremonie teilnehmen.

Peter Göbel

und Deckengemälden. Eine Besonderheit sind die «singenden» Fußböden, die beim Betreten ein Geräusch verursachen, da sich die Hölzer aneinander reiben. So wurden die damaligen Herrscher vor unangemeldeten Besuchern gewarnt.

Glanz und Pracht der frühen Kaiserzeit repräsentiert der 1895 zum 1100. Jahrestag der Gründung Kyotos errichtete *Heian-Schrein*. Es ist die exakte verkleinerte Nachbildung des Kaiserpalasts aus dem Jahr 794, der im chinesischen Stil errichtet worden war. Charakteristisch hierfür ist sein streng symmetrischer Aufbau. Der Landschaftsgarten im hinteren Teil ist vor allem während der Kirschblüte ein zauberhafter Ort zum Verweilen.

Der strenge Geist des Zen

Eine der wohl berühmtesten Tempelanlagen Kyotos ist der *Daitoku-ji* im Nordwesten der Stadt. Er wurde 1324 gegründet und nach mehreren Bränden 1479 in seiner heutigen Form erbaut. Dieser Haupttempel der zen-buddhistischen Rinzai-Sekte erstreckt sich mit seinen 23 Untertempeln über ein weites, von der Stadt durch Mauern getrenntes Gelände. Hier wirkte über viele Jahre Sen-no-Rikyu (1522–1591), der berühmteste Teemeister aller Zeiten, der auch das dritte Tor des Tempels (Sam-mon) entwarf und in dem kleinen Kloster Juko-in begraben liegt.

Die traditionelle Musik Japans ist aufgrund ihrer ganz andersartigen Melodik und Rhythmik schwer zu erfassen. Instrumente wie das zwölfsaitige, einer Zither ähnliche Koto und verschiedene Flöten gehörten zu jedem Orchester der Hofmusik.

Der Tempel *Daisen-in* in der Anlage des Daitoku-ji verkörpert auf kleinstem Raum die klassische Garten- und Tempelarchitektur des Zen. Seiner philosophischen Anschauung zufolge zielt hier alles auf Klarheit, Einfachheit und praktische Funktionalität. Im Gegensatz zum Nijo-jo sind alle Räume unter einem Dach vereint. Diese «Kompaktbauweise», die einen großen Einfluß vor allem auf die Profanarchitektur Japans hatte, gab es – aus Sicherheitsgründen – bereits in der Samurai-Architektur, dann aus Grün-

den der Sparsamkeit auch bei den Kaufleuten. Die vier Zen-Gärten des Klosters sind von äußerster Strenge und klassischer Schönheit. Als Meditationsgärten sind sie nicht begehbar. Der erste, «Großer Ozean» genannt, ist ein reiner Sand-Kies-Garten mit zwei kegelförmigen Erhebungen auf einer rechteckigen Fläche. Der zweite und kleinste ist ebenfalls ein reiner Trockengarten. Seine Felssetzungen sind vielfältig deutbar, etwa als «Schiff» oder «Schildkröte». Der dritte bildet eine wilde Felsenlandschaft mit einigen wenigen Bäumen und Sträuchern nach. Der letzte, der «Mittlere Ozean», wurde mit nur einem Baum und einem Strauch bepflanzt. Keinem der Gärten ist eine verbindliche Deutung beigegeben. Im Sinn des Zen sind sie zugleich Abbild der Leere, der Vollkommenheit und der Zusammengehörigkeit alles Seienden.

Die Eleganz des Tempels *Kinkaku-ji*, auch Goldener Pavillon genannt, ist von überwältigender Schönheit. Das ganz mit Blattgold belegte dreistöckige Bauwerk wurde 1394 erbaut und nach der Brandstiftung durch einen verwirrten Novizen 1955 originalgetreu rekonstruiert. Die Wirkung des Kinkaku-ji steigert sich auf eindrucksvolle Weise, betrachtet man ihn zusammen mit seinem Spiegelbild im See, der ihn von drei Seiten umschließt.

Das wohl extremste Beispiel eines Zen-Gartens ist der Stein-Sand-Garten des Tempels *Ryoan-ji*. 1473 von dem großen Zen-Meister Soami angelegt, findet sich hier außer Moos, das sich auf kahlen Felsen angesiedelt hat, keinerlei Pflanzenwuchs. Auf eine von Mauern umgebene rechteckige Fläche, die in regelmäßigen Längsrillen geharkt ist, sind 15 größere und kleinere Steine in Gruppen von sieben, fünf und drei gesetzt. Um diese Gruppen herum ist der Kies kreisförmig gerecht, so daß das Arrangement an Inseln im Meer oder an Berge erinnert, die aus Wolken herausragen. Dem nicht mit der Gedankenwelt des Zen vertrauten Besucher mag die karge Kiesfläche unbedeutend und wie in absichtsloser Willkür geschaffen erscheinen – vielleicht erkennt er aber allmählich in dem kargen Kiesfeld den von allem Unwesentlichen befreiten Garten. Ganz anders dagegen wirkt der große Landschaftsgarten, der den Ryoan-ji umgibt. In seinem tausendjährigem See Kyoyo-chi spiegeln sich die zum Besitz des Tempels gehörenden Berge und Wälder in vollkommener Harmonie wider.

Zen-Kunst in höchster Vollendung: Die Schönheit des leeren Raums wird in den Steinsetzungen des Ryoan-ji erfahrbar (oben). Wie Inseln oder Berge scheinen sich die Felsen aus der sorgsam gerechten Sandfläche zu erheben. Wer die Atmosphäre lange genug auf sich wirken läßt, entdeckt auch im Daisen-in den Widerschein des Universums, der sich den Mönchen des Zen erschließt (unten).

Bambus ist das am meisten verwendete Holz Asiens, das auch in Zen-Gärten als Gestaltungselement häufig zu finden ist (oben). «Geta» nennen sich die japanischen Holzsandalen (unten).

Nara – Wiege japanischer Hochkultur

Die Stadt Nara (328 000 Einwohner), rund 40 Kilometer südlich von Kyoto gelegen, war von 710 bis 784 zur Zeit der ersten Hochblüte japanischer Kultur unter dem Namen Hejokyo Kaiserstadt. Wie Kyoto nach chinesischem Vorbild in einer Ebene großzügig mit rechtwinkligem Straßenraster angelegt, stellte die Stadt im 8. Jahrhundert eine der glänzendsten Metropolen ihrer Zeit mit weitreichenden Verbindungen dar. Eine Fülle bedeutender Bauwerke und Kunstschätze hat die Jahrhunderte fast unversehrt überdauert. Einen großartigen Überblick über die Kunst der Nara-Zeit gewinnt man im *Nationalmuseum* der Stadt, das in Wechselausstellungen immer neue Schätze präsentiert.

Im Nordosten erstreckt sich der Nara-koen. In dem 500 Hektar großen Park ist die Mehrzahl der historisch wichtigen Gebäude zu finden. Bereits 669 wurde der Tempel *Kofuku-ji* gegründet. Von seiner einstigen Größe – hier lebten in 175 Gebäuden

Mit einem breiten Rechen zieht ein Mönch in den Trockengärten die so typischen Längsrillen nach (links).
Wie ein Tuschbild auf Reispapier wirkt die Bemalung dieser Tür im Tempel Nanzen-ji in Kyoto (rechts).

Einer der Höhepunkte im Jahr ist die Kirschblüte ab Ende März. Zu Hunderttausenden strömen die Japaner dann in die Parks, um die vergängliche Pracht zu bewundern. Unter den Bäumen breiten sie ihre Zeitung oder eine Strohmatte aus und trinken zu rohem Fisch und gesäuertem Reis Bier oder Reiswein.

etwa 100 000 Mönche – zeugen noch zwei zwischen dem 13. und dem 19. Jahrhundert originalgetreu rekonstruierte Pagoden sowie die mittlere und östliche Haupthalle. Die aus der Frühzeit stammenden wertvollen Statuen können heute im Neubau des Schatzhauses (Kokuho-kan) besichtigt werden.

Der *Kasuga-Schrein*, das Shinto-Heiligtum der mächtigen Fujiwara-Familie am Ostrand des Parks, wurde im 8. Jahrhundert gegründet und teilweise in den Berghang hineingebaut. Der Weg zum Schrein sowie das Heiligtum selbst sind von Tausenden von Stein- und Bronzelaternen geschmückt. Zusammen mit der in kräftigem Rot bemalten, in sich verschachtelten Schreinanlage und dem Bergwald schaffen sie eine unvergeßliche Atmosphäre.

Der einzige aus der Nara-Zeit original erhaltene Tempel ist der *Shin-Yakushi-ji* aus dem Jahr 747. Die Skulpturen im Innern des Tempels sind Meisterwerke der späten Nara-Zeit und stehen noch immer an ihrem angestammten Platz, unter ihnen der erleuchtete, heilende Buddha.

Das erhabenste und mit Recht berühmteste Bauwerk Naras ist die Halle des Großen Buddha (Daibutsu-den) des Klosters *Todai-ji* im nördlichen Teil des Parks. Sie beherbergt die riesige

Buddha-Statue von 16,2 Meter Höhe, bei deren Herstellung 437 Tonnen Bronze und 130 Kilogramm Gold verwendet wurden. Die sitzende Figur wurde nach den Entwürfen eines koreanischen Bildhauers 749 nach mehreren erfolglosen Versuchen gegossen – eine für jene Zeit ungeheure technische wie künstlerische Leistung. Die Statue und die große Halle des Todai-ji wurden 752 geweiht. Die Feierlichkeiten zählen zu den größten historisch belegten Festen der Weltgeschichte. Die Halle, ein trotz seiner unglaublichen Ausmaße elegant, ja beschwingt wirkendes Gebäude von klassischem Ebenmaß, gilt mit 57 Meter Länge, 50,5 Meter Breite und 48,7 Meter Höhe als der größte Holzbau der Erde.

Horyu-ji – mehr als ein Kloster

Westlich von Nara liegt das für Staat, Religion und Geschichte wichtigste Kloster des Landes. Horyu-ji, 607 von Prinz Shotokutaishi (574–622) gegründet, ist das älteste original erhaltene Kloster Asiens. Mehr als 1300 Jahre überstanden die Holzgebäude alle Erdbeben und Taifune. Horyu-ji war entscheidend an der Einführung des Buddhismus als Staatsreligion beteiligt: Von hier aus wurde die neue Lehre verbreitet, und im ganzen Land wurden dann planmäßig weitere Klostergründungen betrieben. Neben der Verbreitung des Buddhismus und der eng damit verbundenen chinesischen Schrift dienten die Klöster zugleich als Stützpunkte der Verwaltung in der Provinz. Erst so wurde es möglich, Japan als Zentralstaat zu regieren.

Im japanischen Garten ist das formale und farbliche Zusammenspiel von Pflanzen, Wasser und Stein sorgsam arrangiert. Hübsche Teiche, gewundene Pfade und blühende Sträucher machen einen Spaziergang im Park des Ginkaku-ji in Kyoto zu einem optischen Genuß.

Den Ahorn, beliebt vor allem in seinem leuchtendroten Herbstkleid, sieht man nicht nur in vielen Parks, sondern auch als Motiv auf Fächern und auf handgeschöpftem Japanpapier.

Von den 33 erhaltenen Gebäuden stammen noch vier aus dem 7. und fünf aus dem 8. Jahrhundert. Durch das 1439 erneuerte Tor Nandai-mon betritt man den weiträumigen Tempelbezirk, der drei voneinander getrennte, von hohen Mauern umringte Bereiche aufweist. Der Westteil, *Sai-in*, stellt eine klassische Tempelanlage dar. Von einem überdeckten Korridor umgeben finden sich auf rechteckigem Grund eine fünfstöckige Pagode aus dem Jahr 607 mit einer Buddha-Reliquie (6.–8. Jahrhundert), die Haupthalle Kondo (Mitte des 6. Jahrhunderts), die Große Vortragshalle (Daikodo, 8.–12. Jahrhundert) und die Bibliothek für die heiligen Schriften sowie das Glockenhaus aus dem späten 8. Jahrhundert. In der Kondo wurde ursprünglich die heute im Schatzhaus zu bewundernde Shaka-muni-Trinitas des chinesischen Bildhauers Tori aus dem Jahr 623 aufbewahrt. Es handelt sich dabei um eine dreiteilige Bronzefigur, die Shaka-Buddha, den historischen Buddha, zwischen zwei Boddhisattwas darstellt; sie zählt zu den beeindruckendsten Kunstwerken des japanischen Altertums.

Die achteckige elegante Meditationshalle (Yume-dono) Shotokus aus dem Jahr 608 innerhalb des östlichen Tempelbezirks, *To-in*, ist mit seinem mächtigen weitgeschwungenen Ziegeldach das einzige Überbleibsel der Palastanlage des Prinzen, das nicht von seinen Nachfolgern zerstört wurde. Die Halle birgt unter anderem die als schönste Plastik der Welt gerühmte Statue der Guze-Kannon (auch Nyoirin-Kannon) aus der Nara-Periode.

Außerhalb des Horyu-ji liegt das von Prinz Shotoku für seine Mutter errichtete Nonnenkloster *Chugu-ji*. Im Innern kann man neben einer wertvollen Seidenstickerei der Witwe Shotokus aus dem 7. Jahrhundert die Sitzfigur der Nyoirin-Kannon in Medi-

Ein Besuch im Seidenviertel von Kyoto

Der Bedarf an eleganten Stoffen für Kimonos führte bereits im 8. Jahrhundert dazu, daß in Kyoto die Kunst des Webens von Seidenstoffen in hoher Blüte stand. Diese Tradition setzte sich nach der Verlegung des Kaiserhofs 1868 von Kyoto nach Edo in der Entwicklung einer angesehenen Textilindustrie fort. Noch heute kann man im Stadtteil Nishijin beim Bummel durch die engen Gassen kleine Webereien und Färbereien in den alten Holzhäusern entdecken und häufig durch geöffnete Schiebetüren den geschickten Handwerken bei ihrer Arbeit über die Schulter schauen. Mit höchster Kunstfertigkeit üben sie noch immer auf althergebrachte Weise ihr Gewerbe aus. Unter fachkundigen Erläuterungen wird die Herstellung von Seidenstoffen im Nishijin-Textilmuseum demonstriert, wo wahre Meister den Besuchern ihre Kunst vorführen. Sehenswert sind dort auch die perfekt arrangierten Kimono-Shows. Und wer an einem der kostbaren handgewebten Stoffe Gefallen findet, kann ihn hier gleich erstehen.

tationshaltung mit gekreuzten Beinen und halb geschlossenen Augen bewundern. Während die rechte Hand mit ausgestrecktem Finger leicht die rechte Wange berührt, ruht die linke gelassen auf dem linken Bein: eine überzeugende Haltung ruhiger und glücklicher Versenkung. Das versonnene Lächeln berührt auch den Betrachter, der aus einem anderen Kulturkreis kommt, zutiefst. Die Ruhe, Würde, Gelassenheit und Anmut, die das einzigartige Kunstwerk ausstrahlt, bleiben unvergeßlich in der Erinnerung haften.

Wie in Tokyo, so gibt es auch in Kyoto Restaurants aller Preisklassen und Stilrichtungen. Exklusive und entsprechend teure Speiselokale liegen im Gion-Viertel und am Ufer des Flusses Kamo, die preiswerteren in der Gegend rund um den Hauptbahnhof.

Höhepunkte zweier Kulturen: Byodo-in und Katsura-rikyu

In der kleinen Stadt Uji lohnt neben dem ältesten erhaltenen Schrein Japans, dem *Uji-Schrein*, und dem chinesischen Zen-Tempel *Mampuku-ji* aus dem 17. Jahrhundert die einzige originale Palastanlage Japans im streng chinesischen Stil der Heian-Zeit, der Tempel *Byodo-in*, einen Besuch. Ursprünglich als Landsitz des mächtigen Fürsten Fujiwara-no-Michinaga (966 bis

Der 5. Mai, der Tag des Kindes, ist vor allem ein Fest für Jungen. Bei allen Familien, die mit Söhnen gesegnet sind, flattern an diesem Tag über den Hausdächern oder an Bambusstangen im Garten bunte Wimpel in Karpfenform.

1027) errichtet, wurde der Bau nach dessen Tod in ein Kloster umgewandelt. Große Teile der ursprünglichen Anlage gingen durch Brand und Kriege verloren, das architektonisch wertvollste Gebäude, die Phönix-Halle, blieb jedoch bis heute im Wesentlichen erhalten. Die Halle stellt von oben betrachtet den mythologischen Vogel Phönix dar, der gerade zur Landung auf dem Teich vor dem Tempel ansetzt: Die von zwei bronzenen Phönix-Plastiken gekrönte Haupthalle ist der Körper, die Seitenkorridore bilden die Flügel, und der hintere Korridor symbolisiert den Schwanz. Der Komplex besticht, vor allem von der gegenüberliegenden Seite des Sees aus betrachtet, durch seine vollkommene Symmetrie und schwungvolle Leichtigkeit. Auf wundervolle Weise sind hier Eleganz und Würde mit zeitloser Schönheit vereint. Die Plastiken und Gemälde im Innern, die im Gegensatz zu den Gebäuden ganz in der japanischen Tradition wurzeln, gehören zu den wertvollsten Kunstschätzen Japans.

In eine vollkommen andere Welt wird man beim Besuch der kaiserlichen Sommervilla *Katsura-rikyu* versetzt. Park und Villa am Westufer des Flusses Katsura in Kyoto wurden in langjähriger Bauzeit ab 1590 angelegt und von dem Teemeister Kobori Enshu (1579–1647) schließlich fertiggestellt. Die rein japanische Architektur und Gartenkunst erreichen hier ihre absolute Vollendung. Nicht nur Bauwerke in Japan, sondern auch die moderne europäische Architektur, etwa das Bauhaus, wurden durch den Stil dieser Palastvilla beeinflußt. Das Grundprinzip der hier verwirk-

Bei den Drachenkämpfen in Hamamatsu lassen Dorfmannschaften riesige Flugdrachen steigen (linke Seite). Ziel ist es, durch geschicktes Manövrieren möglichst viele «Gegner» vom Himmel herunterzuholen. Der Sieger wird anschließend enthusiastisch gefeiert (unten).

Vorbild Natur: Den sich an Felsklippen klammernden windgepeitschten Bäumen an der San-in-Küste nordwestlich von Kyoto versuchen Bonsai-Züchter mit ihren Miniaturbäumen nachzueifern (oben und rechte Seite).

Wie von selbst stellt sich beim Betrachten der feingeharkten Kiesflächen, aus denen inselgleich kleine Felsen hervorragen, eine meditative Ruhe ein; hier ein Zen-Garten des Daisen-in in Kyoto.

lichten japanischen Ästhetik ist die Vermeidung jeglicher Symmetrie. Alle Räume der Gesamtanlage sind unter einem Dach vereint und die Gebäudeteile so gegeneinander versetzt angeordnet, daß keine einheitliche Gesamtfront entsteht. Nach außen sind die Räume durch lichtdurchlässige Papierschiebetüren abgegrenzt, untereinander werden sie durch bemalte verschiebbare Trennelemente abgeteilt. Alle Räume gewähren über einen Vorplatz Ausblick in den Garten. Unterschiedliche Blickwinkel durch die offenen kunstvoll gerahmten Schiebetüren lassen das Arrangement wie in sich geschlossene Bilder anmuten.

Beim ersten Hinsehen scheint die Anlage für eine kaiserliche Villa fast zu bescheiden zu wirken. Erst bei genauerer Betrachtung bemerkt man die unvergleichliche Vollkommenheit der Gesamtkonzeption, die bis zur kunstvollen Verarbeitung auch kleinster Details reicht. So sind etwa die Steinlaternen im Park, die nach der klassischen Regel nur zu 40 Prozent der Beleuchtung und zu 60 Prozent der Schönheit dienen, so angeordnet, daß das von den Wellen des Sees reflektierte Licht für den Betrachter auf der Hauptveranda als «tanzende Feuerfische» wahrgenommen wird. Tore, Zäune, Wege, Trittsteine, Türgriffe und die abwechslungsreiche Dekoration aller Räume sind von einzigartiger künstlerischer wie handwerklicher Präzision. «In Katsura denken die Augen» faßte der deutsche Architekt Bruno Traut (1880–1938) seine Empfindungen beim Anblick dieses Meisterwerks so treffend zusammen.

Die Gischt überspült schwarzglänzende Kieselsteine.

Bilder einer flüchtigen Welt

Die Kunst des Farbholzschnitts

1 Mit einem Stecheisen werden die Motive aus der Holzplatte herausgearbeitet, so daß sie erhaben darauf stehen.

2 Nach dem Tod Ando Hiroshiges nannte sich sein Schüler und Schwiegersohn gelegentlich Hiroshige II. Unter diesem Namen veröffentlichte er 1860 diesen Holzschnitt des Fuji-san (London, Victoria and Albert Museum).

3 Hokusai hinterließ ein gewaltiges Gesamtwerk; hier der Farbholzschnitt «Zwei Wildgänse» (Dresden, Kupferstichkabinett).

«Ukiyo-e» – Bilder einer flüchtigen, vergänglichen Welt – werden die seit der Pariser Weltausstellung im Jahr 1878 auch in Europa bekannten und bewunderten japanischen Farbholzschnitte genannt. Das im buddhistischen Sinn fließende, flüchtige Leben des nach Vergnügen und Genuß gierenden reichen, aber im Gegensatz zu Adel und Ritterstand einfluß- und machtlosen Bürgertums der Edo-Zeit wurde darin über zwei Jahrhunderte lang porträ-

1

2

4 Auf den mit Pinseln eingefärbten Druckstock wird ein Papierbogen aufgelegt und mit einem Reiber (links) angepreßt.

5 Immer noch ein Verkaufsschlager sind Nachdrucke beliebter Farbholzschnitte der Edo-Zeit.

tiert. Die Themen reichten von Szenen aus Theater, Literatur und dem Alltag, über Bildnisse von Schauspielern und Kurtisanen, Ansichten berühmter Landschaften und Städte, schöner Blumen, beliebter Tempel und Schreine bis hin zu erotischen Darstellungen. Ukiyo-e waren Bilder von eher kurzlebigem Gebrauchswert und gelangten sogar auch als Einwickelpapier japanischer Keramik nach Europa. Dort begeisterten sie die Impressionisten, wie sich in Gemälden von Malern wie etwa Gauguin und van Gogh unschwer erkennen läßt.

Die aus China übernommene Technik des Holzschnitts diente in Japan zunächst der

3

Buchillustration. Gegen Ende des 17. Jahrhunderts brachte *Hishikawa Moronobu* (gestorben 1694) als erster eigenständige Holzschnitte heraus, die von Hand koloriert werden mußten. Mitte des 18. Jahrhunderts kam der Zweifarbdruck und in der zweiten Hälfte des Jahrhunderts der Vielfarbdruck hinzu. Der erste große Meister des Mehrfarbdrucks war *Okumura Masanobu* (1686–1764), dessen Schauspielerporträts ein ganzes Jahrhundert lang Vorbild blieben. *Suzuki Harunobu* (1724–1770) fügte seinen Bildnissen von Schauspielern und Frauen deren natürliches Umfeld hinzu und tat so den Schritt zum Genre- und Landschaftsbild. Die Tradition der Schauspielerporträts erreichte mit *Sharaku Toshusai* Ende des 18. Jahrhunderts ihren Höhepunkt. Namhafte Künstler waren auch *Utagawa Toyokuni* (1769–1825), *Torii Kiyonaga* (1752–1815) und *Kitagawa Utamaro* (1753–1806).

Mit *Katsushika Hokusai* (1760–1849) und *Ando Hiroshige* (1797–1858), deren Darstellungen des Fuji und der Tokaido-Straße weltbekannt sind, erreichte das Ukiyo-e seine künstlerische Vollendung. Hokusai schuf als erster Landschaftsbilder um ihrer selbst willen. Einfluß auf die europäische Malerei übten die Ansichten von Edo im Spätwerk Hiroshiges aus. Gegen Ende der Edo-Zeit verkam der Farbholzschnitt zur Massenware.

Norbert Hormuth

4

5

Reich der Götter und Mythen

Unterwegs in Süd-Honshu und auf Kyushu

In der japanischen Küche spielt der Reis eine große Rolle. Er wird auf der Hälfte des gesamten Kulturlandes angebaut (rechte Seite).

Der Süden Honshus und Kyushu, die drittgrößte der Hauptinseln, sind das historisch älteste Siedlungsgebiet des japanischen Archipels. Bis auf 180 Kilometer rücken diese Landesteile an das asiatische Festland heran, was schon früh einen starken Einfluß aus China und Korea ermöglichte. Nicht zufällig sind daher die alten Gründungsmythen Japans mit diesen Regionen verbunden. Das tief in den Bergen Kyushus liegende Takachiho, für den Mythos der Sonnengöttin (siehe Seite 124) und die Entstehung des Kaiserhauses von größter Bedeutung, und die heilige Insel Miyajima bei Hiroshima gehören zu den herausragenden Kristallisationspunkten für die Entstehung der japanischen Nation. Seit dem frühen 7. Jahrhundert hatte der Gouverneurssitz Dazaifu bei Fukuoka eine wichtige Mittler- und Kontrollfunktion zwischen dem jungen japanischen Staat und dem Festland inne. Während der Feudalkriege im 15. und 16. Jahrhundert übernahmen die mächtigen Burgen von Hiroshima, Matsue, Fukuoka und Kumamoto eine bedeutende Rolle bei der Befriedung und Herrschaft über das Land. Die militärische Tradition der alten Burgstädte sollte Hiroshima 1945 auf tragische Weise zum Verhängnis werden.

Der Ertrag des Reisanbaus übersteigt bei guten Ernten den Eigenbedarf der Japaner. Das Setzen der jungen Pflänzchen von Hand ist mühevoll (oben). Bei der Anlage und Bewässerung der Naßfelder arbeitet das ganze Dorf mit. In einem idyllischen kleinen See bei Beppu auf Kyushu dient dieser Holz-Torii als Ruheplatz für die Wasservögel (unten).

Die Wiedergeburt Hiroshimas

Nach Kyoto und Osaka ist Hiroshima die größte und wichtigste Stadt des südlichen Honshu. Entgegen aller Erwartungen hat Hiroshima nach den verheerenden Folgen des Atombombenabwurfs am 6. August 1945 eine erstaunliche Wiedergeburt erfahren. Erste Prognosen gingen nämlich davon aus, daß das Stadt-

Landschaften der Tokaido-Straße zwischen Edo und Kyoto, die auch Ando Hiroshige auf seinen meisterhaften Farbholzschnitten dargestellt hatte, wurden in dem Park Suizenji-koen in Kumamoto (Kyushu) verkleinert nachgebildet (oben). Der Aso-Kuju-Nationalpark auf Kyushu ist heute ein gut erschlossenes Erholungsgebiet. Dichte Wälder, kahle Lavafelder und bizarre Bergmassive laden zu abwechslungsreichen Wanderungen ein (unten).

gebiet frühestens nach 60 bis 90 Jahren wieder bewohnbar sein würde. Als aber bereits nach wenigen Monaten das erste Grün zu sprießen begann, kehrten die Menschen in die verstrahlte Brandwüste zurück und richteten sich notdürftig ein. Schon 1954 wurde mit dem systematischen Wiederaufbau der Stadt begonnen. Heute ist Hiroshima mit seinen 1,2 Millionen Einwohnern eine schöne und lebendige Stadt, ein wichtiges Verwaltungs- und Handelszentrum sowie Sitz zahlreicher Hochschulen und Universitäten. Die von Kenzo Tange im *Friedenspark Heiwa-koen* geschaffenen

Gedenkstätten für die über 150 000 Atombombenopfer sind würdige Mahnmale gegen den Irrsinn jedes Krieges. Bunte Ketten aus gefalteten Papierkranichen schmücken den Friedensturm, der an die getöteten Kinder erinnert. Das Friedensmuseum informiert über das leidvolle Ereignis des Atombombenabwurfs. Wohl niemand kann sich beim Besuch der weitläufigen Anlage und beim Anblick des «Atombombendoms», der Ruine der früheren Messehalle, der Wirkung dieser stillen Mahnung entziehen. Vom historischen Hiroshima wurden die *Karpfenburg Ri-jo* (erbaut 1593) und der Landschaftsgarten *Shukkei-en* (1620 angelegt) getreu nach altem Vorbild rekonstruiert. Seit Bäume und Sträucher des nach einer chinesischen Landschaft bei Hangzhou gestalteten Gartens im Stil der südlichen Sung-Dynastie (1127 bis 1279) wieder eine stattliche Größe erreicht haben, ist er ein Ort beschaulicher Ruhe inmitten der quirligen Stadt.

Auf der heiligen Insel Miyajima

Die rund 30 Quadratkilometer große Schrein- und Tempelinsel Miyajima in der Bucht von Hiroshima, die von etwa 3600 Menschen bewohnt wird, ist dem Shintoismus wie auch dem Buddhismus heilig. Bis in unser Jahrhundert durfte sie von keiner

Frau betreten werden, und bis heute ist es nicht gestattet, hier Tote zu beerdigen. Schönheit und Anmut des aus dem flachen Wasser der Inlandsee aufragenden mächtigen roten *Holz-Torii* (1875), das den symbolisch-mythischen Zugang zum Hauptheiligtum bildet, und die Eleganz des auf Holzpfeilern über dem Wasser errichteten *Itsukushima-Schrein* werden stark durch die Gezeiten beeinflußt. Während bei Ebbe Torii und Schrein im Schlamm des Watts stehen, scheint die weitläufige, aus mehreren Hallen bestehende Anlage bei Flut in aller Leichtigkeit gleichsam über dem Meer zu schweben. Der Schrein gilt als eines der schönsten und außergewöhnlichsten shintoistischen Bauwerke. Seine Gründung geht auf das Jahr 811 zurück, die heutigen Gebäude entstanden um 1556 und entsprechen dem prunkvollen Stil ihrer Zeit. Auch die zahlreichen anderen Gottheiten geweihten Kultgebäude der Insel, die die Explosion der Atombombe unbeschadet überstanden, stellen bedeutende Zeugnisse der japanischen Kunst- und Religionsgeschichte dar.

Von großem Reiz bei einer Wanderung auf der bergigen Insel sind neben weiteren Tempeln und Schreinen die immer wieder neuen malerischen Ausblicke von den Anhöhen über die Inlandsee: Große und kleine Inseln und unbewohnte Eilande breiten sich vor der grünen Kulisse der hohen Bergketten Honshus aus.

Ort der Ruhe und Besinnung: die kleine Tempelanlage eines Dorfes auf Kyushu (oben und unten). Zeichen für den chinesischen Einfluß auf die Architektur sind die bunten Verzierungen auf dem Dach.

Rosafarbene Kamelien bedecken den Gartenweg.

Kyushu – Insel der Sonnengöttin

Kyushu, die zugleich westlichste und südlichste Hauptinsel des japanischen Archipels, liegt in der subtropischen Klimazone. Dennoch kann es in den Monaten Januar und Februar empfindlich kalt werden, wenn Schnee und Frost auch eher selten sind. Die Insel ist stärker noch als die anderen vom Vulkanismus geprägt. Der überraschend heftige Ausbruch des zwar ständig rauchenden, aber als harmlos geltenden Vulkans Unzen (1359 Meter) bei Nagasaki im Sommer 1991 zeigte erneut, mit welcher Gewalt die Kräfte der Natur in diesem Landesteil noch am Werk sind.

Auf Kyushu betrat nach dem bis 1945 als verbindlich geltenden Staatsmythos der Enkel der Sonnengöttin Amaterasu-Omikami, Ninigi, den Boden des Inselreichs. Von hier brach der historisch nicht nachweisbare Kaiser Jimmu-Tenno nach Yamato auf, dem Gebiet bei Kyoto, um dort das japanische Kaiserreich zu gründen. Funde belegen, daß sich auf Kyushu die Urstämme Japans zusammenfanden, die später auf ihrem Zug nach Norden in der Yamato-Ebene seßhaft wurden. Durch seine Nähe zu China, Korea, aber auch zur Südsee, die aufgrund einer langen Inselkette besteht, wurde Kyushu bereits in vorgeschichtlicher Zeit zum Schmelztiegel der Völker. Später kamen Baumeister, Keramiker und Kunsthandwerker aus Korea auf die Insel und führten ihre hochentwickelten Kulturtechniken ein. Auf gleiche Weise gelangten fortschrittliche Anbaumethoden (Naßreisbau) und Kriegstechniken (berittene Krieger) in das noch ausschließlich von kleinen, nur locker miteinander verbundenen Dorf-Clans bewohnte Gebiet. Danach folgten chinesische Priester, Mönche und verbannte Staatsbeamte. In der Neuzeit war es wiederum Kyushu, das als erste Region intensive Kontakte zu den westlichen Seefahrernationen aufnahm und so den christlichen Missionaren ihre Überzeugungsarbeit ermöglichte.

Des Japaners nationale Leidenschaft ist das tägliche Bad, das weniger der Reinigung als vielmehr der Entspannung dient. Bevor man ins Wasser steigt, wäscht man sich, auf einem kleinen Hocker sitzend, gründlichst mit Seife. In kleinen Holzzubern bereitet man aus kaltem und heißem Wasser die richtige Mischung zum Abspülen der Seife.

Das nördliche Tor nach Kyushu

Etwa 15 Kilometer östlich von Fukuoka stand vom Beginn des 7. bis zum 14. Jahrhundert der Palast des kaiserlichen Generalgouverneurs von Kyushu. Von hier aus wurden alle Kontakte zum Festland kontrolliert. *Dazaifu*, wie die heutige Kleinstadt heißt,

Fortsetzung Seite 118

Für die japanische Küche ist das Arrangement der Speisen und des Gedecks ebenso wichtig wie deren farbliche Abstimmung. Hauchdünn geschnittener Rettich, Möhren in Blütenform und Granatäpfel tragen ebenso zur Abrundung der Gesamtkomposition bei wie klassisch-schlichte Schalen und Brettchen.

Nicht ganz unvertraut

Die japanische Küche

1

2

1 Viele Angestellte lassen sich ihr Essen aus einem Schnellimbiß an den Schreibtisch ins Büro liefern.
2 Fangfrisch wird der Fisch filetiert und mit nur wenigen Zutaten in seiner ganzen Natürlichkeit auf den Tisch gebracht.
3 Sushi – leicht bekömmlich und lecker. Die appetitlichen Häppchen bestehen aus gewürzten Reisbällchen, um die dünne Scheiben roher Fisch gewickelt werden.
4 Auch beim Imbiß in einem Nudelrestaurant wird mit den Kollegen Geschäftliches besprochen.
5 Besser als jede Speisekarte helfen dem Reisenden ohne Japanischkenntnisse die Schaukästen der Restaurants, in denen die aus Plastik nachgebildeten Gerichte präsentiert werden.

4

5

Tofu, Sushi, Ramen, Sukiyaki und die als Tempura bezeichneten fritierten Gemüse-, Fisch- und Fleischstücke sind bei uns keine fremden Begriffe mehr. Zusammen mit dem Reiswein Sake haben diese Spezialitäten in der ganzen Welt begeisterte Anhänger gefunden. Dennoch ist wenig bekannt, daß die japanische Küche der Frankreichs und Italiens zumindest ebenbürtig ist und die chinesische Küche an Raffinesse gar übertrifft.

Der wichtigste Grundsatz japanischer Kochkunst lautet: möglichst frische Zutaten so zuzubereiten, daß ihr Eigengeschmack erhalten bleibt. Deshalb werden Soßen und Gewürze erst kurz vor dem Verzehr hinzugefügt. *Sashimi*, roher, in dünne Scheiben oder kleine Stücke geschnittener Fisch, wird erst unmittelbar vor dem Essen zum Würzen in eine Soße getaucht. So ergänzen und verstärken sich die verschiedenen Geschmacksnuancen,

6

7

6 Zu einem traditionellen japanischen Frühstück gehört Suppe. Die dunkle Lackschale mit Deckel enthält eine helle, mit Bohnenpaste gesäuerte Suppe, angerichtet mit einem Stück Tofu und großblättrigem Seetang.

7 Fisch wird das ganze Jahr hindurch in großer Vielfalt angeboten, hier als Tempura.

ohne sich zu durchdringen oder zu überdecken. Die japanische Kochkunst legt außerdem Wert auf die sorgfältige Kombination von Farben und Formen der Speisen sowie auf ihre ästhetische Anordnung.

Als kulinarischer Höhepunkt gilt ein *Kaiseki-Festmahl*, wie es etwa zum Neujahrsfest oder vor einer feierlichen Teezeremonie serviert wird. Die Kaiseki-Küche konzentriert sich auf das Wesentliche und Echte, zieht in freier Natur gewachsene Kräuter, Wurzeln, Pilze und Farnsprossen gezüchtetem Gemüse vor und beläßt den Speisen ihre Eigenart. Das Einfache ist hierbei von höchster Vollkommenheit, das scheinbar Zufällige sorgsam ausgesucht und mit Bedacht arrangiert.

3

Auch die richtige Wahl der Gefäße, ihrer Formen, Farben und Materialien ist wichtig. Eine dezente Anspielung auf die Jahreszeit darf ebenfalls nicht fehlen: ein kleiner Kiefernzweig für den Winter, ein rotes Ahornblatt für den Herbst oder ein Stück kreisrund gestanzte Fischpaste in der Suppe für den Frühjahrsvollmond.

Gemüse, Reis, Fisch und Meeresfrüchte sowie Algen und Tang in getrocknetem Zustand sind die Hauptbestandteile der Speisen, die mit Sojaprodukten wie Tofu, Sojasoße, Miso (scharf gewürzte, vergorene Bohnenpaste) oder Sojasprossen ergänzt und abgerundet werden. Fleisch spielte in der traditionellen Küche bis auf Geflügel kaum eine Rolle, wurde jedoch seit der Meiji-Zeit und besonders nach dem Zweiten Weltkrieg immer beliebter. Als *Sukiyaki* (dünngeschnittene Rindfleischscheiben) und *Teppanyaki* (Filetstück vom Rind) wird es gern mit Gemüse und anderen Zutaten zubereitet.

In der Alltagsküche spielen Reiseintöpfe (*Donburi*) und Gerichte aus Buchweizennudeln (*Soba*), dicken Weizennudeln (*Udon*) und dünnen chinesischen Nudeln (*Ramen*) eine große Rolle. Auch hier überrascht, wie selbst noch am bescheidensten Imbißstand auf kleine Details geachtet wird, die das Auge erfreuen.

Norbert Hormuth

übernahm damit für lange Zeit in diplomatischer, militärischer und kommerzieller Hinsicht eine wichtige Funktion. Vom Palast stehen heute nur noch wenige Grundmauern. Hauptsehenswürdigkeit Dazaifus ist einer der schönsten Shinto-Schreine Japans, der Temman-gu von 905. Dort wird der aufgrund einer Intrige vom Kaiserhof hierher verbannte bedeutende Gelehrte und Staatsmann Sugawara Michizane (845–903) als Gott der Literatur verehrt. Vor allem Schüler und Studenten vor dem Examen bitten ihn um Beistand. Die heutigen Gebäude stammen aus dem Jahr 1591. Man betritt das Gelände durch ein großes Bronze-Torii, hin-

Vermutlich im 7. Jahrhundert gelangten das Papier und seine Herstellungstechniken nach Japan. Nicht nur zum Schreiben, sondern auch für Schirme, Fächer, Schachteln und Trennwände wurde es auf die unterschiedlichste Weise genutzt. Zum Trocknen werden die Papierschirme seit jeher in die Sonne gestellt (oben).

Das Herstellen von Papierschirmen, die bei wohlhabenden Japanern begehrt waren, entwickelte sich zu einem erfolgreichen Gewerbe (Fotos von 1870/1880).

ter dem eine im chinesischen Stil errichtete Bogenbrücke zum inneren Schreinbezirk führt. Die gesamte Anlage ist offen und einladend und strahlt eine heitere Leichtigkeit aus, wozu die geschwungenen Reetdächer der Gebäude, Tore und Korridore ebenso beitragen wie die in strahlendem Weiß und Rot gehaltenen Säulen, Wände und Tragebalken. Ganz in der Nähe findet sich der Tempel Kanzeon-ji aus dem Jahr 746. In dem Betonbau, der heute an seiner Stelle errichtet wurde, werden einige der bedeutendsten Statuen der Heian-Zeit aufbewahrt, darunter die Jizo- und die Kisshoten-Statue aus dem 11. Jahrhundert.

Ausgangpunkt der meisten Rundreisen durch das nördliche Kyushu ist die Millionenstadt *Fukuoka*. Sie spielt für Industrie und Handel sowie als Verwaltungszentrum und Sitz angesehener Hochschulen eine wichtige Rolle. Zeugnisse für die frühe Bedeutung Fukuokas sind der Sumiyoshi-Schrein (rekonstruiert 1623), einer der frühesten Japans, und der Shofuku-ji, der älteste Zen-Tempel der Rinzai-Sekte. Der Überlieferung nach wurde er 1195 von dem Mönch Eisai (1141–1215), der auch als Begründer des Teekults (siehe auch Seite 84) bekannt ist, nach seiner Rückkehr von einem langen Studienaufenthalt in China gegründet.

Auch heute noch wird das feste, langfaserige Japanpapier aus dem Bast der Papiermaulbeerpflanze von Hand geschöpft (rechts). Mit Bambusmatten filtert man den Fasersud aus dem Trog (oben). In kleinen Handwerksbetrieben entstehen aus kunstvoll bemaltem Japanpapier Fächer (unten).

掛搭願書

Die Meditation steht beim Zen-Buddhismus im Mittelpunkt. Ziel der stundenlangen bewegungslosen Versenkung im Sitzen ist das Erlebnis der Erleuchtung (linke Seite).
«Kyudo», das Bogenschießen, ist keine Sportart, sondern dient, im Geist des Zen ausgeübt, als Mittel zur Selbsterkenntnis und Bewußtseinserweiterung (oben). Die aus Holz gefertigten Pfeile werden bei richtiger Atemtechnik und höchster Konzentration zielgenau abgeschossen (unten).

Rauchende Vulkane, tiefe Schluchten und ehrwürdige Schreine

Die alte Burg- und Handelsstadt *Kumamoto* (635 000 Einwohner) im mittleren Kyushu ist neben Fukuoka heute das wichtigste kulturelle, wirtschaftliche und politische Zentrum der Insel. Ihr Wahrzeichen, das prächtige Schloß, wurde zwischen 1601 und 1607 für den Heerführer Kato Kiyomasa als eine der mächtigsten Festungen der Edo-Zeit errichtet. Haupt- und Nebenturm sind originalgetreue Rekonstruktionen und veranschaulichen – wie auch die zyklopischen Festungsmauern und Wälle – eindrucksvoll die einstige Großartigkeit dieser Burg. Im südlichen Randbezirk der Stadt liegt einer der schönsten Landschaftsgärten Japans, der fürstliche Suizenji-koen. Im frühen 17. Jahrhundert von der Daimyo-Familie Hosokawa angelegt, bildet der Park mit See, künstlichen Inseln, kunstvoll arrangierten Bäumen und Sträuchern einige der markantesten Landschaften der berühmten Tokaido-Straße zwischen Edo und Kyoto in stilisierter Form nach.

Die südlichste Großstadt Japans, *Kagoshima* (530 000 Einwohner), büßte ihre während der Meiji-Zeit wichtige Rolle als Kriegshafen nach der Niederlage Japans im Zweiten Weltkrieg ein. Den schönsten Blick über die weite Kakoshima-Bucht mit der Stadt, dem ständig rauchenden Kegel des mächtigen Vulkans

Im asketischen Leben der Zen-Mönche spielen Gesten wie gegenseitige Verbeugungen zur Begrüßung eine größere Rolle als viele Worte .

Mit dem Zen-Buddhismus entwickelte sich in Japan die Kunst der Baumgestaltung zu einer großen Tradition. Für die Arbeit, die viel Geduld erfordert, sind Schere, Besen, Zange und Draht unentbehrliche Werkzeuge.

Sakurajima (1118 Meter) und den vorgelagerten Inseln genießt man vom 107 Meter hohen Berg Shiroyama. Von Kagoshima lassen sich Exkursionen zu den Thermalbädern von *Ibusuki* auf der Halbinsel Satsuma oder ins herrliche Bergland von Kirishima im *Kirishima-Yaku-Nationalpark* unternehmen.

An der pazifischen Küste Kyushus liegt *Miyazaki*, das Anfang dieses Jahrhunderts gegründet wurde. Die malerische Stadt war lange Zeit neben dem nördlicher gelegenen Badeort Beppu Traumziel japanischer Hochzeitspaare. Die breiten Boulevards und Strandpromenaden vermitteln mit ihren Alleen immergrüner Kampferbäume, buschiger Phönix- und hochaufragender Dattelpalmen eine heitere, südländische Atmosphäre.

Wie erstmals Tag und Nacht entstanden

Das Götterpaar Izanagi und Izanami schuf im Auftrag der Himmelsgötter das japanische Inselreich, alle die Erde bewohnenden «kami» (höhere Wesen) und «alle Dinge insgesamt». Daraufhin übergab Izanagi seiner Tochter Amaterasu-Omikami, der Sonnengöttin, die Herrschaft über das Universum, die sie sich mit dem Mondgott Tsukiyomi und dem Sturmgott Susanoo teilte. Susanoo aber störte mit seinem Wüten Harmonie und Frieden und erzürnte seine Schwester so sehr, daß sie sich schließlich in eine Höhle bei Takachiho in Zentral-Kyushu zurückzog. Dadurch senkte sich Finsternis über die Welt. Erst der komisch-ekstatische Tanz einer anderen Göttin lockte Amaterasu wieder hervor, und so kehrte das Sonnenlicht auf die Erde zurück. Als Sonnengöttin genießt Amaterasu noch immer höchste Verehrung. Ihr Schrein bei Ise (Honshu) ist bis heute das wichtigste Heiligtum Japans.

Großartige Naturschönheit und spektakulärer historischer Ort zugleich ist der *Udo-Schrein* südlich von Miyazaki. Er ist dem Gott Ugaya-fukiaezu, dem Vater des legendären Kaisers Jimmu, gewidmet und wurde in eine Höhle gebaut, die die Brandung des Pazifiks in die steilen Klippen gewaschen hatte. Zu dem für den Gründungsmythos Japans wichtigen Schrein führt ein schmaler, zum Teil ins Gestein gehauener Pfad entlang der wildzerklüfteten meist von hohen Wellen überspülten Küste. Basaltfelsen, steile Klippen und die üppige subtropische Vegetation umrahmen den Schrein wie einen Edelstein.

Noch romantischer wird es auf dem Weg nach *Takachiho*, einer kleinen Stadt in den wilden, von grünen Wäldern bedeckten Bergen Zentral-Kyushus. In der von dem Fluß Gokase bis zu 80 Meter tief in das Vulkangestein gegrabenen *Takachiho-Schlucht* umgibt den Wanderer der mythische Hauch einer fremden, von keiner Zivilisation berührten Welt. Im Schrein von Taka-

chiho werden die Götter und deren Nachkommen verehrt, die hier einst die Erde betraten, um das japanische Kaiserreich zu gründen. Von hier aus brach der Legende nach Ugaya-fukiaezu, der im Udo-Schrein verehrte Gott, nach Yamato auf. Der Schrein ist mehr als 1200 Jahre alt und von riesigen, über achthundertjährigen Zedern umgeben. Kagura-Tänze und volkstümliche No-Spiele, die häufig bei Fackelschein im Schrein aufgeführt werden, lassen die alten Göttergeschichten wieder lebendig werden.

Die riesigen Hügelgräber aus der Kofun-Zeit in den Bergen bei *Saito* zwischen Miyazaki und Takachiho lassen darauf schließen, daß hier mächtige Herrscher beigesetzt wurden. Aus den über dreihundert Grabstätten ragen das Osaho-zukan (219 Meter lang, 18 Meter hoch) und das Mesaho-zuka (178 Meter lang, 15 Meter hoch) heraus. In ihren Ausdehnungen werden sie nur noch von den später entstandenen Kaisergräbern bei Osaka, vor allem der Ruhestätte des Kaisers Nintoku (313–399), übertroffen.

Der Bonsai

Gebändigte Natur im Miniaturformat

1

2

3

1 Stamm und Zweige dieser Zwergfichte werden mit Hilfe eines Drahtes in die gewünschte Form gebracht. Bevor der Draht in die Rinde einwächst, wird er entfernt.
2 «Mame» heißen die Winzlinge unter den Bonsai.
3 Wie ein geschlossenes Wäldchen auf einem moosbewachsenen Hochplateau wirken die auf ein Tontablett gepflanzten etwa 40 Zentimeter hohen Zelkoven.
4 Ein Meisterwerk der Bonsai-Kunst: Der elegant gebogene japanische Federahorn in seinem Frühjahrslaub ist etwa hundert Jahre alt.
5 Ein Alter von etwa dreihundert Jahren kann der bizarr geformte Wacholder vorweisen.

Die Popularität der japanischen Bonsai, wörtlich übersetzt «Baum in einer Schale», ist in westlichen Ländern inzwischen so groß, daß man sie bereits als industriell gefertigte Massenware kaufen kann: wartungsfreie, zeitlose, lediglich vom Staub bedrohte Kunstprodukte, die zwischen anderem Nippes ihr trauriges Dasein fristen.

Echte Bonsai beanspruchen eine intensive tägliche Pflege und setzen viel Fachwissen voraus, damit sie in ihren winzigen Schalen gesund überleben können. Die Kunst der Miniaturzüchtung beruht auf der Tatsache, daß sich das Wachstum von Krone und Wurzelballen gegenseitig bedingt. Deshalb beschneidet der Bonsai-Gärtner systematisch den Wurzelballen und gibt ihm durch die geringe Menge an Erde in der Pflanzenschale keine Möglichkeit, sich danach erneut auszubreiten. Auch die Herstellung der geeigneten Erdmischung, die genau dosierte Bewässerung, die richtige Düngung und die Garantie ausreichender Sonnenbestrahlung sind für die Erhaltung der Form wichtig.

6 Ein Fächerahorn – das Urbild eines Baumes, das die Menschen zu allen Zeiten fasziniert.
7 Die Mädchenkiefer bildet zusammen mit der einfachen quadratischen Schale eine vollkommene Einheit.

Ziel der Bonsai-Züchtung ist nicht ausschließlich die Erzeugung eines kleinwüchsigen Baumes, sondern die Gestaltung einer Miniatur, die in Wuchs und Proportionen einer Gebirgspflanze gleicht, die seit Jahrzehnten, wenn nicht Jahrhunderten Wind und Wetter ausgesetzt ist.

Seinen Ursprung hat der Bonsai in buddhistischen Strömungen, die in einsamen Bergregionen im unmittelbaren Erleben der Natur das Wesen der Dinge und der Existenz zu ergründen suchten. Die in China entwickelte Kunst der Bonsai-Züchtung wurde während der Heian-Zeit in japanischen Klöstern heimisch, dann von den Samurai adaptiert, aber erst spät vom Bürgertum übernommen. Von früh an bildeten sich zahlreiche Schulen und Stile heraus, die bestimmte Formen, Pflanzenarten und Kompositionen bevorzugten: Blütenpflanzen, Laubbäume und Koniferen als Einzelgewächs, als Zweier- und Dreiergruppe oder als Wäldchen auf moosigem, sandigem oder felsigem Grund. Es werden Bonsai mit aufrechtem, aber auch wie von Stürmen niedergedrücktem Wuchs oder wie von einem Felsvorsprung herunterwachsend gezüchtet. Hinter dieser Vielfalt steht ein Prinzip: Höhe und Breite des Gefäßes, Höhe und Krone des Baumes, Erde und Schale müssen in einem harmonischen Verhältnis zueinander stehen und den Eindruck natürlichen, Jahrhunderte überdauerten Wachstums vermitteln.

Bei dem Aufwand, der für die Pflege eines Bonsai notwendig ist, erstaunt es, daß es weit über dreihundert Jahre alte Miniaturbäume gibt, die von mehr als zehn Generationen einer Familie oder eines Klosters gepflegt werden.

Norbert Hormuth

6

7

4

5

Land abseits des Weges

Nord-Honshu und Hokkaido

«Michinoku», Land abseits des Weges, nannte man bis in unsere Zeit «Tohoku», Japans Nordosten, genauer: den nördlichen Teil Honshus. Und von der großen Insel ganz im Norden, von Hokkaido, der Nordmeer-Provinz, sprach man in alter Zeit nicht einmal. Sie war rauh, unwirtlich, von feindlichen Ainu, einem sibirischen Volk, bewohnt und dementsprechend unerschlossen. Als während der Olympischen Winterspiele 1998 in Nagano die Fernsehkameras über die tiefverschneite Bergwelt der gleichnamigen Provinz Honshus schweiften, verstand man, daß diese wilden Gebirgslandschaften lange weder durchgängig besiedelt noch durch Wege und Straßen erschlossen werden konnten. Je weiter man in die nördlichen Provinzen am Japanischen Meer wie Niigata, Yamagata, Akita und Aomori vordringt, desto vereinzelter liegen noch immer die kleinen Dörfer und Städte, desto unberührter bleiben die dichten Bergwälder und tief eingeschnittenen Gebirgstäler. Vor allem im Winter bei Schneehöhen mit 3 Metern und mehr sowie Temperaturen bis minus 40 Grad Celsius waren hier weite Landstriche völlig isoliert. Erst in neuerer Zeit wurde der Ausbau von Verkehrswegen auch durch schwierigstes Gelände in Angriff genommen.

Das Meer rund um Hokkaido ist für seinen Fischreichtum bekannt. Trotz Eis und Schnee entladen die Fischer bei klirrender Kälte im Hafen von Yoichi nachts ihre Schiffe. Auf gut ausgebauten, oft durch Tunnel geleiteten Straßen wird der Fang in die Städte transportiert.

Auf schmalen Pfaden nach dem Norden: Tohoku

Der Dichter Basho (1644–1694) beschreibt in seinem Tagebuch von 1689 «Oku no hosomichi» («Auf schmalen Pfaden nach dem Norden») seine Reise in die ferne Provinz. Die Beschwernisse, die er auf seinem 2400 Kilometer langen Fußmarsch von Edo aus auf sich nehmen mußte, waren auch in den folgenden Jahrhun-

derten für die in den Norden Honshus Reisenden kaum geringer. Bis in unsere Tage blieb die nördliche Region von Industrialisierung und Bevölkerungsexplosion weitgehend unberührt. «Ura Nippon», Hinterjapan, wie man im hochentwickelten Westen des Inselreichs den Nordosten Japans auch nennt, leidet ganz im Gegenteil unter der Landflucht der Bevölkerung aus den einst blühenden Dörfern, die noch bis in die Mitte dieses Jahrhunderts das Zentrum des Reisanbaus darstellten. Heute sind Obst- und Weinanbau die Haupteinnahmequellen.

Die gesamte Region an der Westküste Nord-Honshus wird durch die hohe, in Nord-Süd-Richtung verlaufende und im Winter unpassierbare Kette des Oshu-Gebirges von der schon früh erschlossenen Ostküste getrennt. Diese natürliche Grenze scheint auch für den heutigen Tourismus eine unüberwindliche Barriere geblieben zu sein. Rundreisen werden hier nicht angeboten, und ein Ausländer hat es, sofern er nicht Japanisch spricht, unterwegs schwer. Mittlerweile wurden allerdings die Shinkansen-Linien bis Yamagata und Akita ausgebaut und Schnellstraßen durch das Gebirge geschlagen, so daß die urwüchsigen Landschaften Nord-Honshus etwas näher gerückt sind.

An unerwarteter Stelle und ganz aus Schnee: der Berliner Reichstag. Hauptattraktion während der langen Wintermonate auf Hokkaido ist das Schneefestival, das jährlich im Februar in Sapporo stattfindet (oben). Bei Esashi auf der Halbinsel Oshima (Hokkaido) blieb der Sitz eines Feudalherrn erhalten (unten).

Tohoku, der Nordosten, ist aufgrund seiner frühen Eingliederung in den japanischen Zentralstaat reich an historischen und kunstgeschichtlichen Denkmälern. Darüber hinaus hat die mehr als tausendjährige Bauernkultur in den malerischen Dörfern eine in ihrer Art vollkommene Bauernarchitektur hervorgebracht.

Als wohl schönste und interessanteste Stadt gilt *Hirosaki* in der Provinz Aomori. Sie wurde im 16. Jahrhundert als Sitz des Daimyo-Geschlechts der Tsugaru nach militärischen Gesichtspunkten um eine mächtige Wehrburg errichtet. Um feindlichen Eindringlingen die Orientierung und ein rasches Vorwärtskommen zu erschweren, wurden die Straßen im Zickzack mit gegenläufigen Kehren und Sackgassen angelegt. Bis heute gibt es keinen direkten, sofort erkennbaren Weg zum Schloß, von dem noch der Hauptturm und einige Tore erhalten geblieben sind. Der um den Turm angelegte Park zeigt sich vor allem während der Kirschblüte von Ende April bis Mitte Mai in seiner ganzen Pracht.

Landschaftlicher Höhepunkt Aomoris, der nördlichsten Provinz Tohokus, ist der im Towada-Hachimantai-Nationalpark gelegene *Towada-See*, den man nach einer Fahrt durch das wildromantische Tal des Flusses Oirase mit seinen artenreichen Mischwäldern und rauschenden Wasserfällen erreicht. Der fast kreisrunde, etwa 60 Quadratkilometer große See entstand aus einem erloschenen Krater und ist von bewaldeten, zum Teil im-

Sapporo gehört zu den jüngsten Städten Japans. Erst 1871 wurde es angelegt, 1970 erreichte die Einwohnerzahl die Millionengrenze. Breite, rechtwinklig zueinander verlaufende Straßen prägen das Gesicht der Hauptstadt Hokkaidos (oben).
Auch bekannte Filmmonster wie King Kong und Godzilla sowie Teufelswesen werden von den «Schneekünstlern» in Sapporo zum Leben erweckt (unten).

Schnee, Wasser und Salz schufen dieses dekorative Band am Strand des Hiyama-Präfektur-Nationalparks (linke Seite). Die eleganten Kraniche leben in sumpfigen Wäldern, auf feuchten Wiesen und an Seen (rechts).

mergrünen Berghängen umgeben. Zwei malerische mit Kiefern bewachsene Halbinseln und aus dem Wasser ragende Felsen bilden eine geradezu idealtypische japanische Landschaft. In der vom Vulkanismus geprägten *Hachimantai-Hochebene*, die sich südlich des Towada-Sees ausbreitet, liegen viele renommierte wie traditionsreiche Thermalbäder.

Die bedeutendste Stadt Tohokus ist *Morioka*, gleichzeitig Hauptstadt der Provinz Iwate, hoch oben im Norden. Als Wahrzeichen der Stadt gilt der Berg Iwate im Nordosten. Trotz ihrer rasanten Entwicklung nach dem Krieg zu einem Industrie- und Handelszentrum mit 235 000 Einwohnern haben sich eine Reihe bedeutender Tempel und Schreine sowie interessante alte Kaufmannshäuser und Samurai-Sitze aus der Edo-Zeit erhalten.

Am nördlichsten Ende Japans

Der abgelegene Rishiri-Rebun-Sarobetsu-Nationalpark umfaßt die Sarobetsu-Ebene südlich der Stadt Wakkanai, die fast kreisrunde Vulkaninsel Rishiri und die «Blumeninsel» Rebun. Zwischen Juni und August verwandelt die alpine Flora mit über dreihundert zum Teil endemischen Arten die Ebenen und Berghänge in ein wahres Blütenmeer. Ideale Wachstumsbedingungen finden im feuchten und durch die warme Meeresströmung Tsushima nicht extrem kalten Klima zahlreiche Azaleenarten. Auf Rebun, der nördlichsten Insel Japans, ist die Fülle der Blütenpflanzen am größten. Von hier genießt man auch den schönsten Blick auf den ebenmäßigen Kegel des 1719 Meter hohen Vulkans der Nachbarinsel Rishiri, dessen Gipfel man in fünf Stunden erklimmen kann. Vogelfreunde kommen in dem Nationalpark, der weit eher unseren Vorstellungen von Nordkanada entspricht, ebenfalls auf ihre Kosten.

Morioka ist der ideale Ausgangspunkt für einen Besuch im sich über 180 Kilometer an der Ostküste entlangziehenden *Rikuchukaigan-Nationalpark*. Die stark zerklüftete, oft fjordartig eingeschnittene Steilküste bietet schwindelerregende Ausblicke auf den weiten Pazifik. Von besonderem Interesse für Naturliebhaber sind die großen Vogelkolonien auf den vorgelagerten Granitklippen. Im Süden, nahe dem Fischereihafen Miyako, wird die Küste flacher. Der Strand von *Jodogahama* mit seinen weißleuchtenden Felsformationen ist ein weiterer landschaftlicher Höhepunkt.

Ausflug zur «goldenen Stadt» und zum Berg der Wandermönche

Auf halbem Weg zwischen Morioka und Sendai liegt in der Provinz Iwate die kleine, heute unbedeutende Stadt *Hiraizumi*. Hier hatte von 1090 bis 1189 die Fürstenfamilie der Ou-Fujiwara ihren Sitz, die durch Goldfunde reich und mächtig und somit für die in Kamakura herrschenden Fujiwara gefährlich geworden war. Die Ou-Fujiwara machten aus ihrem Reichtum und aus ihrem Bestre-

ben, Kyoto und Kamakura zumindest im Hinblick auf die höfische Prachtentfaltung den Rang ablaufen zu wollen, keinen Hehl. Ihr Palast und der Tempel Chuson-ji (gegründet 1105), von dessen einstmals vierzig Gebäuden nur noch wenige erhalten oder wiederaufgebaut sind, waren mit Blattgold belegt und im Innern reich geschmückt. Inmitten dichter Wälder gelegen muß diese «goldene Stadt» die Phantasie der Zeitgenossen so angeregt haben, daß die Kunde davon selbst bis ins ferne Europa drang. Auch im Bericht des Weltreisenden Marco Polo findet sich eine Beschreibung des sagenumwobenen «Cipangu» (Japan): «Die Goldvorkommen auf der Insel sind unbeschreiblich reich... Ich schildere euch den prachtvollen Herrscherpalast. Ich sage die

Winterliche Stille hat sich am Towada-See (links) und um den 2041 Meter hohen Vulkan Iwate auf Honshu (rechts) ausgebreitet. Das Schneefestival in Sapporo wird von einem Rahmenprogramm begleitet (unten).

reine Wahrheit: das Dach des riesigen Palastes ist aus purem Gold. Genauso wie wir für unsere Häuser- und Kirchendächer Blei gebrauchen, wurde hier Gold verwendet. Unvorstellbar, welcher Wert darin liegt! Die Fußböden aller Räume – und es gibt deren viele – sind aus mehr als zwei Finger dickem Gold. Die Säle, die Fenster, wohin man schaut, alles im Palast ist mit Gold geschmückt.» Auch Kolumbus kannte Marco Polos Bericht. Diese Tatsache und einige andere Indizien lassen den Schluß zu, daß das von den Spaniern so begierig gesuchte El Dorado wohl Hiraizumi gewesen ist. Im Jahr 1187 wurde die Stadt zerstört und der letzte Herrscher der Ou-Fujiwara ermordet. Besonders sehenswert unter den Gebäuden sind die restaurierte und inzwischen wieder mit Blattgold belegte kleine Halle Konjiki-do (1124) mit der Grablegung der letzten drei Herrscher, die Sutrenhalle Kyozo (1108 erbaut) und einige Klostergebäude.

Von der kleinen Stadt Matsushima südlich von Hiraizumi in der Provinz Miyagi kann man den *Matsushima-kaigan-Nationalpark* erkunden. Hunderte kleine und größere kiefernbewachsene Inseln prägen eine der faszinierendsten Küstenlandschaften, die sich besonders bei einer Bootsfahrt in ihrer vollen Schönheit erschließt: Vor dem Hintergrund grüner Bergketten tun sich immer neue Konstellationen von Inseln mit sturmzerzausten Kiefern, bizarre Felsformationen und die anmutig geschwungene Strandlinie auf. An dem im 9. Jahrhundert gegründeten Tempel Zuigan-ji der Zen-Sekte Rinzai arbeiteten dieselben Künstler der Kano-Schule, die später auch den Toshogu-Schrein in Nikko (siehe Seite 65) ausschmückten. Eine von Zypressen gesäumte Allee führt zu den zahlreichen, gut erhaltenen und mit kostbaren Schnitzereien ausgestatteten Tempelbauten.

Das Gebiet zwischen den im *Bandai-Asahi-Nationalpark* gelegenen Bergen Gassan, Haguro und Yudono ist dem Shintoismus wie dem Buddhismus gleichermaßen heilig. Hier hat sich die asketische Shugendo-Sekte niedergelassen, deren Riten aus buddhistischen, shintoistischen, taoistischen und schamanistischen Elementen sich zu einer Mischreligion vereinen. Sie verehrt den *Dewa-Schrein*, der dem Gott Ideha-no-mikoto geweiht ist und auf dem 419 Meter hohen Berg Haguro steht. Eine mehr als tausendstufige Steintreppe führt zwischen riesigen Zypressen, vorbei an alten Schreinen und Pilgerstationen hinauf zu dem Heiligtum. Hier trifft man gelegentlich weißgekleidete Wandermönche, die in Wasserfällen und heißen Quellen ihre Riten vollziehen und sich unter Schellengeläut ihren Lebensunterhalt erbetteln. In die Bergeinsamkeit dringt hin und wieder der dunkle Ton eines

Muschelhorns, das von einem Pilger bei seinen Zeremonien geblasen wird. Im Gegensatz zu früher ist heute auch Frauen der Zutritt zu dem Heiligtum erlaubt und damit das Eintauchen in eine fremde faszinierende Welt, deren Ursprünge weit in die vorbuddhistische Zeit zurückreichen.

Hokkaido – unverfälschte Natur im hohen Norden

Trotz der Winterolympiade 1972 in Sapporo blieb das 83 500 Quadratkilometer große weitflächige Hokkaido für die Welt außerhalb Japans ein weißer Fleck. Selbst die Japaner hatten lange gebraucht, um die zweitgrößte der japanischen Hauptinseln zu erkunden und in Besitz zu nehmen. Hokkaido, von Honshu durch die Tsugaru-Straße getrennt, wurde erst 1604 in den japanischen Staat eingegliedert und war bis zum Ende des Zweiten Weltkriegs nur spärlich besiedelt. Mehrere Jahrhunderte lang hatte es fast ausschließlich als Stützpunkt für den Fischfang und die Algengewinnung gedient und war militärisch genutzt worden, um den Ausdehnungsdrang des russischen Zarenreichs abzuwehren. Erst aufgrund eines kaiserlichen Edikts von 1869 ging man daran, die

Wenn Hokkaido unter 3 Meter hohen Schneemassen versinkt, wird das Leben extrem beschwerlich. Wie ein Stilleben wirken die beiden Wracks am Kap Motsuta nördlich von Setana (links). Dem dichten Schneefall versucht ein Fischer in der Bucht von Uchiura zu trotzen (rechts).

nördliche Insel «von innen her» zu erschließen. 1871 wurde Sapporo nach nordamerikanischen Städtebauprinzipien konzipiert und schachbrettartig breite Boulevards angelegt. Trotz großer Werbekampagnen der Regierung folgten jedoch nur wenige Bauern der Aufforderung, sich auf Hokkaido anzusiedeln. Dies änderte sich erst 1873 mit der Auflösung des Standes der Samurai nach der Meiji-Restauration. Zahlreiche der nun funktionslos gewordenen Ritter ließen sich hier als eine Art Agrarsoldaten nieder. Große Landwirtschaftsbetriebe entstanden, die mit der Züchtung von kälteunempfindlicheren Reissorten inzwischen sehr erfolgreich sind. Über die Kolonisation Hokkaidos, aber auch über die Kultur der Ainu, Japans Minderheit, informiert das Historische Museum *Sapporos*. Sehenswert sind ebenso das Ainu- und das Universitätsmuseum, die im Botanischen Garten liegen. Die größte Attraktion der Metropole, in der heute 1,78 Millionen Menschen leben, ist jedoch das Schneefestival Anfang Februar auf dem breiten Boulevard O-dori. Dort kann man das Geschick der Künstler bewundern, die jedes Jahr aus Schnee riesige Skulpturen berühmter Personen, aber auch Phantasiefiguren, Nachbildungen von Schlössern und Schreinen schaffen.

Fortsetzung Seite 140

Samurai, Monster und Alltagsgeschichten

Japanisches Kino gestern und heute

1

3

2

4

5

1 Für die Schwarz-Weiß-Technik seines Films «Schwarzer Regen» wurde Imamura ausgezeichnet. 2 und 7 Gewalt und Leidenschaft sind die Themen von Oshimas «Nackte Jugend» (2) und «Im Reich der Sinne» (7). – 3 Der Saurier Godzilla bedroht Tokyo. 4 Vom Konflikt mit den Standesgesetzen handelt Mizoguchis «Das Leben der Frau Oharu». – 5 «Die 7 Samurai» von Kurosawa ist ein Abenteuerfilm im Stil eines harten Western. – 6 Internationalen Erfolg erlangte der Film «Die Frau in den Dünen» von Hiroshi Teshigahara.

Erst 1951 begann mit der Auszeichnung des Films «Rashomon» (1950) von Akira Kurosawa auf den Filmfestspielen in Venedig der internationale Erfolg des japanischen Kinos. Doch bereits Ende des 19. Jahrhunderts hatte es erste Filme gegeben. 1912 entstanden in Tokyo «Gendai-geki» (moderne Filme), in Kyoto «Jidai-geki» (historische Filme). Bis 1921 waren Frauenrollen von Männern übernommen worden, und erst 1931 verdrängte der Tonfilm die «Benshi», Sprecher, die die Filmhandlung bei der Vorführung erklärten. Entstanden nach der Niederlage Japans im Zweiten Weltkrieg zeitkritische Filme, so wuchs in den fünfziger Jahren das Interesse an historischen Stoffen. Später folgten Monster- und Gangster-, dann Sexfilme. Doch neben all diesen Produktionen hatten immer auch die «kleinen» Filme ihre Zuschauer.

Zu den populärsten Regisseuren Japans gehört *Teinosuke Kinugasa* (1896–1982), der durch seinen bahnbrechenden Farbfilm «Das Höllentor» (1953) in Europa bekannt wurde. *Hiroshi Teshigahara* (geboren 1927) reüssierte mit seinem Werk «Die Frau in den Dünen» (1964), das das Leben als ein von Treibsand umgebenes Sandloch schildert. Mit seinen Melodramen voller Lebensweisheit gehörte *Kenji Mizoguchi* (1898–1956) zu den wichtigsten Regisseuren Japans. In «Das Leben der Frau Oharu» (1952) verliebt sich eine Hofdame am Kaiserhof in Kyoto um 1690 in einen Diener, wodurch beide schuldig werden.

6

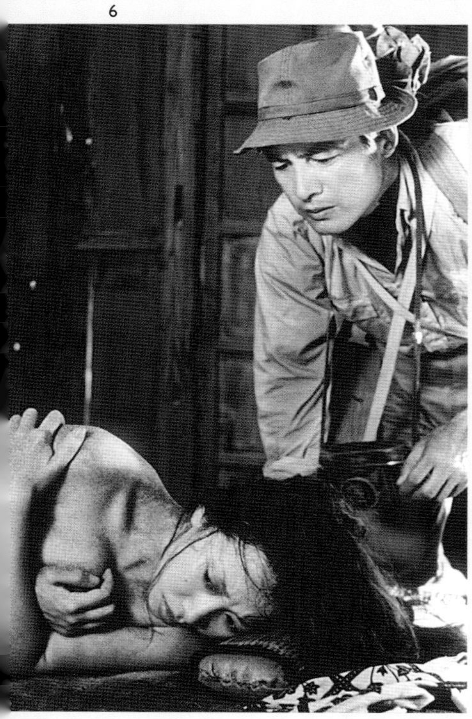

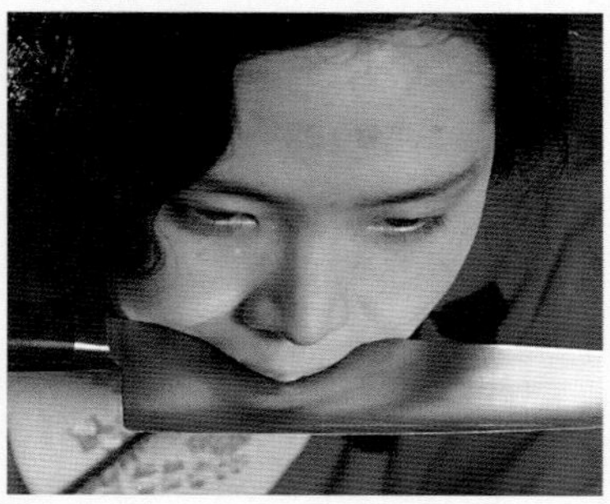

7

Akira Kurosawa (1910 bis 1998) ist in Europa nicht zuletzt durch seinen Film «Die 7 Samurai» (1953) zum bekanntesten japanischen Regisseur avanciert. Parallel zu seinen historischen Filmen entstanden zeitgenössische Problemfilme wie «Ikuro – einmal wirklich leben» (1952). «Das Schloß im Spinnwebwald» (1957) ist eine Version von Shakespeares «Macbeth», wie «Ran» von 1985 auf «König Lear» beruht.

Ishiro Honda (1911–1993) wurde nach dem Science-fiction-Erfolg «Godzilla» (1956) mit Dutzenden von Trivialfilmen zum Meister dieses Genres. *Shohei Imamura* (geboren 1926) kennt man im Westen durch das «Insektenweib» (1963). Der «Schwarze Regen» (1988) regt zum Nachdenken über das, was durch Forschung und Experiment heraufbeschworen wird, an. Zuletzt drehte Imamura 1997 den nachdenklich-poetischen Film «Der Aal». Der Jurist und Politologe *Nagisa Oshima* (geboren 1932) wurde mit «Nackte Jugend» (1960), der Analyse einer zu Gewalt und Ohnmacht verdammten Generation, neben Imamura, Kaneto Shinoda und anderen zum Führer einer Neue-Welle-Bewegung. 1976 entstand der aufsehenerregende Film «Im Reich der Sinne» über eine Liebe, die in tödlicher Ekstase endet.

Heiko R. Blum

Japan ist die größte Fischereination der Erde. Auch im Winter geht die Arbeit im Hafen von Kamo'enai (Hokkaido) weiter.

Bei Ruhe suchenden Großstadtmenschen hat sich Hokkaido zu einem beliebten Erholungsgebiet entwickelt, das Naturliebhabern viel zu bieten hat. Denn auf der 20 Prozent des Staatsgebiets umfassenden Insel leben nur 5 Prozent der Gesamtbevölkerung, davon ein Drittel in der Hauptstadt Sapporo. Ausländische Touristen zieht das an kulturellen Sehenswürdigkeiten arme Hokkaido dagegen selten an. Die nahezu unberührten Landschaften in den großen *Nationalparks* wie Akan, Rishiri-Rebun (siehe Seite 133) oder Taisetsu-san bieten jedoch reichlich Gelegenheit, ein überraschend anderes Japan abseits der Megastädte kennenzulernen. Dank ihrer geologischen Beschaffenheit ist die Insel reich an Vulkanen und heißen Quellen und somit ein Paradies für Liebhaber der japanischen Badekultur. Einen erholsamen Aufenthalt versprechen *Thermalbäder* wie Sounkyo, Tenninkyo, Shirogane, Yukomambetsu oder Shikaribetsu, vor allem aber Yunokawa südöstlich von Hakodate und Noboribetsu östlich von Muroran.

Der Bergrücken der Halbinsel Oshima auf Hokkaido.

1

2

3

Die Landschaften Ostasiens übten auf Europäer seit jeher einen besonderen Reiz aus. Von ihren Reisen nach Japan brachten die Fotografen seit Ende des 19. Jahrhunderts großartige und stimmungsvolle Naturaufnahmen sowie Ansichten von Städten und Tempeln mit in ihre Heimat.

4

5

6

7

Die Fotos, die Sehenswürdigkeiten der Insel Honshu zeigen, entstanden während der Meiji-Periode: 1 Ein Park in Tokyo. – 2 Der Große Buddha des Tempels Kotoku-in in Kamakura. – 3 Zedernallee, die nach Nikko führt. – 4 Schrein am Ashi-See bei Hakone. – 5 und 6 Ein See und ein Dorf im Bergland. – 7 Rikscha in einem Vorort Tokyos.

Planen, Reisen, Genießen

Größe/Lage/Naturraum

Japan umfaßt mit den Hauptinseln Hokkaido, Honshu, Kyushu, Shikoku und rund 3900 kleineren Inseln eine Fläche von knapp 378 000 Quadratkilometern. Mit einer maximalen Breite von 270 Kilometern erstreckt es sich vom 45. bis zum 24. Breitengrad über 4000 Kilometer von Nordosten nach Südwesten. So liegt Nord-Hokkaido auf dem gleichen Breitengrad wie Bordeaux, Tokyo auf dem von –Tanger. Japan ist vollständig vom Meer umgeben, besitzt also keine Landgrenzen zu fremden Staaten. Am nächsten liegen Süd-Korea (180 km vom westlichsten Punkt Kyushus entfernt) und die sibirische Küste Rußlands (300 km von der Westküste Hokkaidos entfernt). Das japanische Archipel ist über seine gesamte Länge von hohen, in Längsrichtung verlaufenden Gebirgsrücken durchzogen. Höchster Berg ist mit 3776 Metern der Fuji-san, der längste Fluß mit 367 Kilometern der Shinanogawa (Zentral-Honshu).

Flora und Fauna

Japan besitzt dank seiner großen Nord-Süd-Ausdehnung und seines feuchten Klimas eine sehr artenreiche Flora, darunter rund 170 Baumarten. Fast 70 Prozent des Landes sind von dichten Wäldern bedeckt. Im Norden gedeihen Rhododendren, Magnolien, japanische Zedern, Ahornarten und Buchen, im Süden Bambus, Gingko, Kiefern und Palmen. Auffallend ist die Armut an Landtierarten. Südlich der Tsugaru-Straße zwischen Hokkaido und Honshu leben Schwarzbären, Affen (Makaken), Wildschweine und Flughunde, nördlich davon Ezo-Braunbären, Polarfüchse, Pfeifhasen, Eichhörnchen, Marder- und zahlreiche Vogelarten, etwa der japanische Kranich und der Singschwan. Die Meeresfauna, dank mächtiger Warm- und Kaltwasserströmungen ursprünglich reich an Arten und Zahl, ist jetzt durch

Mystisch-dunkle Schluchten und grandiose Gebirge prägen das Gesicht der Insel Kyushu.

Süße Köstlichkeit (oben). – Die Zedernallee bei Nagano (Honshu) ist etwa 1 000 Jahre alt (unten).

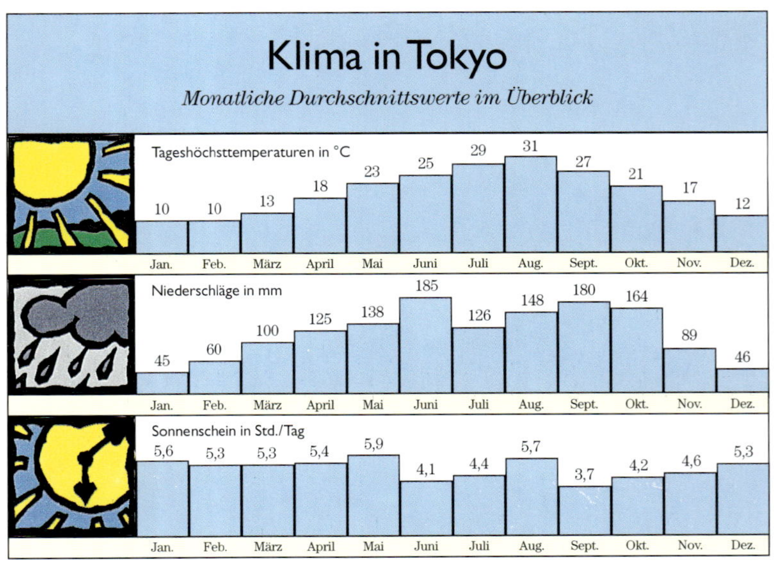

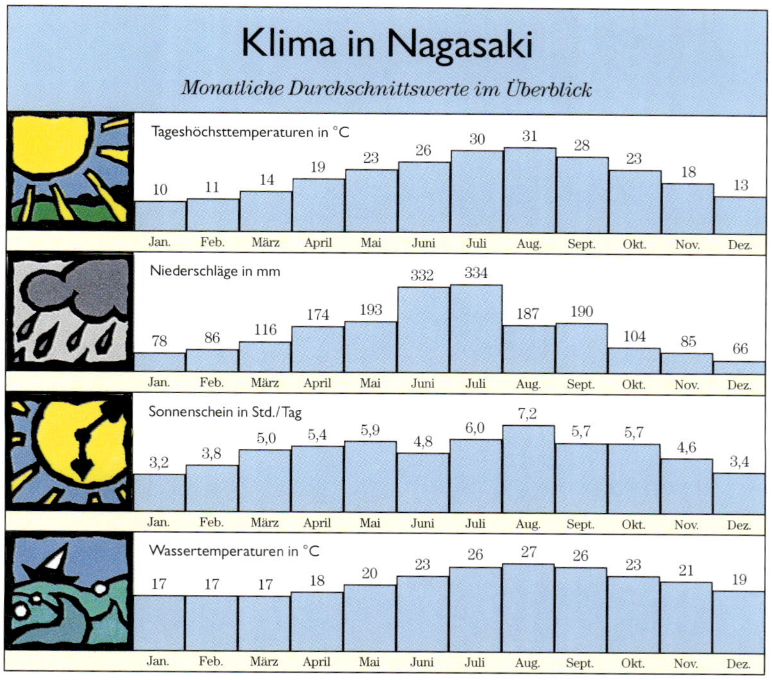

Überfischung und Verunreinigung vor allem der Inlandsee in jüngster Zeit stark rückläufig.

Bevölkerung

In Japan leben rund 125 Millionen Menschen, davon sind über 98 Prozent Japaner, etwa 0,8 Prozent Koreaner und 0,3 Prozent Chinesen. Von den aus Honshu nach Hokkaido zurückgedrängten Ainu existieren heute nur noch zwischen 20 000 und 30 000.

Sprache und Schrift

Die Herkunft der japanischen Sprache ist nicht ganz geklärt. Als sicher gilt, daß sie trotz des großen chinesischen Fremdwortschatzes nicht mit dem Chinesischen, wohl aber mit dem Koreanischen und in geringem Umfang mit dem Polynesischen verwandt ist. Die Schrift setzt sich aus chinesischen Schriftzeichen (Kanji) und den beiden eigens entwickelten Silbenschriften Hiragana und Katakana zusammen. Heute sind rund 2000 Kanji sowie je 46 Hiragana- und Katakana-Schriftzeichen in Gebrauch. Englisch wird hauptsächlich von jüngeren Japanern, von Fremdenführern und vom Hotelpersonal gesprochen.

Ein Traum in zartem Rosarot: Japaner lieben die vergängliche Schönheit der Kirschblüte.

Klima/Reisezeit

Das Klima zeichnet sich im Sommer durch hohe Luftfeuchtigkeit aus, ist warm und schwül. Die Winter sind in Hokkaido und im Nordwesten Honshus kalt und schneereich, im übrigen Japan kühl und trocken. Die Regenzeit beginnt im Juni auf Kyushu und erreicht Mitte Juli Hokkaido. Taifune treten vor allem im August und September auf. Beste Reisezeit sind April/Mai und September/Oktober. Nur für Hokkaido sind auch die Monate Juli und August zu empfehlen. Folgende Termine, an denen die Japaner selbst einen Kurzurlaub machen, sollte man meiden: 27. 12.–4. 1. (Neujahr), 29. 4.–5. 5. (Golden Week) sowie die Woche um den 15. August (buddhistisches Allerseelenfest).

Kalligraphisches Zeichen für «Meditation».

Zeit

Trotz der großen geographischen Ausdehnung zwischen West- und Ostjapan gilt eine einheitliche Zeit, die der mitteleuropäischen um acht Stunden, während der Sommerzeit um sieben Stunden voraus ist.

Feiertage

Fällt ein Feiertag auf einen Sonntag, ist der darauffolgende Montag arbeitsfrei.

Jan./Feb.: 1. 1. Neujahrstag, 15. 1. Tag der Erwachsenen, 11. 2. Tag der Staatsgründung

März/April: 20. oder 21. 3. Frühlingsanfang, 29. 4. Tag des Grün

Mai: 3. 5. Tag der Verfassung, 5. 5. Tag der Kinder

Sept./Okt.: 15. 9. Tag der Ehrerbietung für die älteren Bürger, 23. oder 24. 9. Herbstanfang, 10. 10. Tag des Sports und der Gesundheit

Nov./Dez.: 3. 11. Tag der Kultur, 23. 11. Arbeits- und Erntedanktag, 23. 12. Geburtstag des Kaisers

Maße und Gewichte

In Japan gilt das metrische System.

In den ersten Lebensjahren werden japanische Kinder mit großer Nachsicht behandelt. Erst in der Schule spielt Disziplin eine wichtige Rolle.

Anreise

Die wichtigsten Flughäfen für Ferntouristen sind der Narita International Airport in Tokyo und der Kansai International Airport bei Osaka, die von der Japan Airlines (JAL) und anderen Linien angeflogen werden. Der Flug von Europa dauert etwa 12 Stunden.

Ärztliche Versorgung

Die ärztliche Versorgung in Japan ist hervorragend, auch die Krankenhäuser sind bestens ausgestattet. Große Hotels haben einen eigenen ärztlichen Dienst. Viele Ärzte sprechen deutsch, die meisten englisch. Da die ärztliche Versorgung meist privat und teuer ist, sollte man eine Reisekrankenversicherung abschließen.

Auskunft

In Deutschland:
Japanische Fremdenverkehrszentrale (JNTO), Kaiserstraße 11, 60311 Frankfurt, Tel. 069/203 53, Fax 069/28 42 81.
Japanische Botschaft, Godesberger Allee 102–104, 53175 Bonn, Tel. 02 28/819 10.
In Österreich:
Japanische Botschaft, Heßgasse 6, 1010 Wien, Tel. 01/53 19 20, Fax 01/532 05 90.
In der Schweiz:
Japanisches Generalkonsulat, Chemin des Fins 3, 1218 Grand Saconnex/Genf, Tel. 022/717 31 11.
In Japan:
JNTO, Kotani Building, 1-6-6, Yurakucho 1-chome, Chiyoda-ku, Tokyo 100, Tel. 03/35 02-14 61.
1st Floor, Kyoto Tower Building, Higashi-Shiokojicho, Shimogyo-ku, Kyoto 600, Tel. 075/371-56 49.
Deutsche Botschaft, 5-10 Minami-Azabu, 4-chome, Minato-ku, Tokyo 100, Tel. 03/34 73-01 51, Fax 03/34 73-42 34.
Österreichische Botschaft, 1-1-20 Moto Azabu, Minato-ku, Tokyo 100, Tel. 03/34 51-82 81.
Schweizer Botschaft, 5-9 Minami Azabu, Minato-ku, Tokyo 100, Tel. 03/34 73-01 21.
Japan Travel Phone bietet zwischen 9 und 17 Uhr einen landesweiten Auskunftsservice in englischer Sprache für ausländische Besucher: 00 88/22-48 00 oder 01 20/44-48 00, in Tokyo 32 01-33 31, in Kyoto 371-56 49.

Eine Geisha in Festkleidung beim Tempelbesuch.

Baden

Baden im Meer ist trotz der Insellage nicht sehr populär, aber fast überall möglich. Die felsige, brandungsreiche Pazifikküste ist stellenweise gefährlich. Zum Ofuro siehe Seite 27.

Banken

Die Banken haben von Montag bis Freitag zwischen 9 und 15 Uhr geöffnet. Vor allem bei Reisen in der Provinz sind Yen- oder Dollarreiseschecks empfehlenswert, da es Probleme mit anderen ausländischen Devisen geben könnte.

Einkaufen

Kaufhäuser haben an den sieben Wochentagen von 10 bis 19 Uhr, Geschäfte von 10 bis 20 Uhr geöffnet, kleinere Läden haben, vor allem abends, keine festen Öffnungszeiten. In Großstädten gibt es Läden, die rund um die Uhr offen sind.

Schnellstes Verkehrsmittel in Tokyo: die U-Bahn (oben). – Der Thunfisch wird vom Tsukiji-Fischmarkt in Tokyo abtransportiert (unten).

Ein- und Ausreise

Für die Einreise benötigen Deutsche, Österreicher und Schweizer einen gültigen Reisepaß. Die maximale Aufenthaltsdauer ohne Visum beträgt sechs Monate.
Bei einem Aufenthalt, der 90 Tage übersteigt, muß man sich bei der Fremdenverkehrsbehörde des jeweiligen Aufenthaltsortes registrieren lassen.

Stadt der Kontraste

Per pedes, Wasserbus und U-Bahn unterwegs in Tokyo

Unsere Tagestour beginnt schon früh um 5 Uhr, spätestens um 7 Uhr am Tsukiji-Fischmarkt (samstags und feiertags geschlossen). Er ist weltweit der größte Markt seiner Art mit einer Vielfalt an Fischen und Meeresfrüchten in den riesigen Versteigerungshallen, die schier überwältigend ist.
Vom Markt geht es zu Fuß weiter zur Kaiserlichen Sommervilla Hama-rikyu. Sie wurde um 1650 auf einer künstlichen Insel inmitten eines großen, von weiten Rasen- und Teichflächen geprägten Landschaftsgartens errichtet. Zur Insel führt zickzackförmig ein Holzsteg, von dem aus man den schönsten Überblick über die Gartenanlage gewinnt. Der Park liegt am Ufer des Flusses Sumida. Von hier nimmt man den im Linienverkehr pendelnden Wasserbus in den Stadtteil Asakusa. Während der etwa 40minütigen Fahrt zeigt sich Tokyo mit seinem Flußufer, das schon in Gedichten gerühmt wurde, von einer anderen Seite. Über den breiten Boulevard Kaminari-mon-dori in Asakusa gelangt man nach wenigen hundert Metern an das prächtige, mit einem riesigen roten Lampion geschmückte Kaminari-Tor. Hier beginnt die buntgeschmückte Einkaufsstraße Nakamise-dori, die sich etwas von der Atmosphäre der Edo-Zeit bewahrt hat. Durch ein weiteres Tor und vorbei an einer fünfstöckigen Pagode führt sie zum Tempel Senso-ji, volkstümlich Asakusa-Kannon-Tempel genannt. Er ist die beliebteste buddhistische Kultstätte Tokyos. Viele Pilger und Gläubige beten in dem der ursprünglichen Anlage von 1651 nachgebildeten Tempel. Von den Rauchschwaden des überdimensionalen bronzenen Räuchergefäßes verspricht man sich heilende Wirkung.
Nach einem Imbiß in einem der preiswerten Restaurants Asakusas kann man der Stadttour noch einen weiteren Höhepunkt anschließen. Mit der U-Bahn geht es zum volkstümlichen Ueno-Park (Ueno-koen). Hier befinden sich eine ganze Reihe besuchenswerter Museen, von denen das Nationalmuseum das bedeutendste ist. Es beherbergt Skulpturen, Metallarbeiten, Waffen, Textilien, Gemälde, Drucke, Kalligrafien, Keramik und Lackarbeiten. Abschließend kann man sich im Ueno-Zoo die Pandas ansehen, die größte Attraktion des Tierparks.

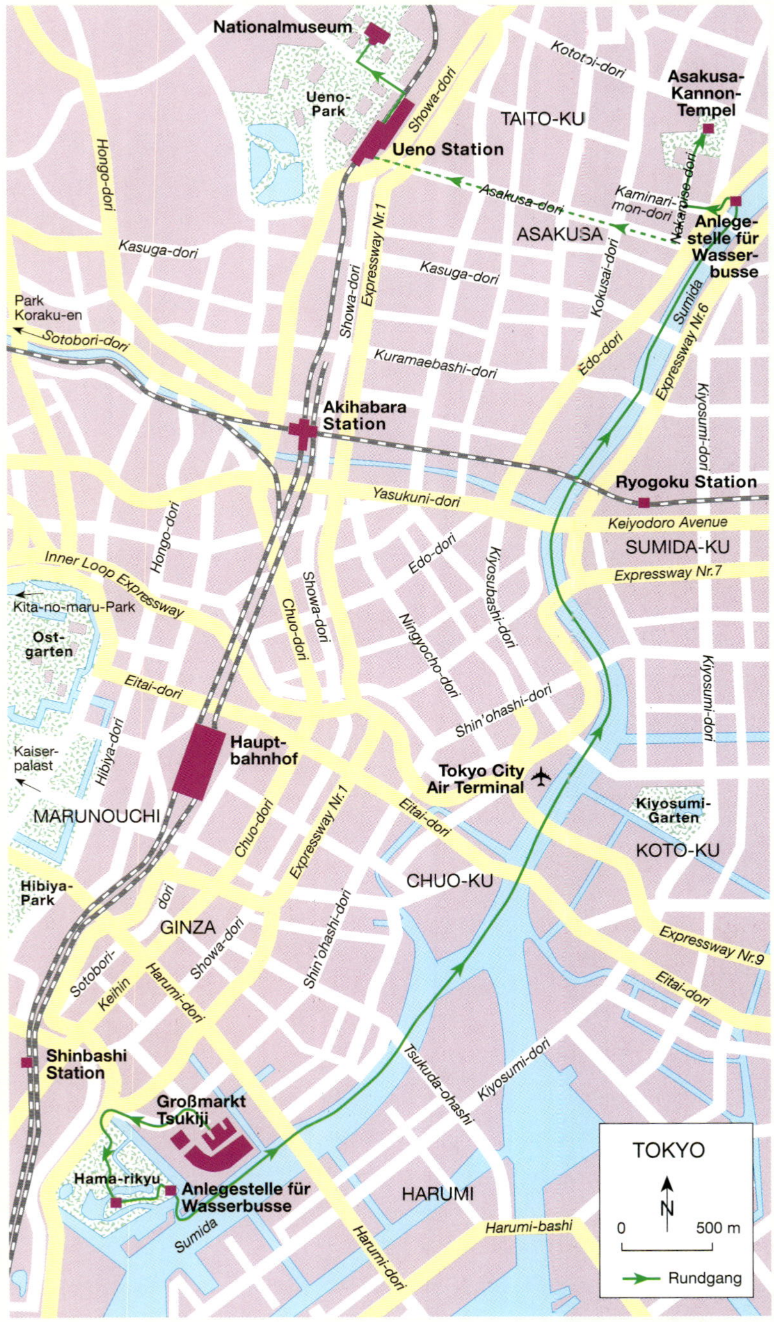

Norbert Hormuth

Elektrizität

Das Netz liefert 100 Volt, im Osten, einschließlich Tokyo, mit der Frequenz 50 Hertz, im übrigen Japan 60 Hertz. In westlichen Hotels gibt es Steckdosen für 110 und 220 Volt. Adapter für US-Stecker sind erforderlich.

Wer zu Hause kein Bad hat, geht ins öffentliche Badehaus. Nach Geschlechtern getrennt erholt man sich hier von der Arbeit.

Fortbewegung im Land

Auto: Deutsche und Schweizer benötigen zusätzlich zum Internationalen Führerschein eine Übersetzung ins Japanische. Das Leihen eines Mietwagens ist nicht zu empfehlen, da in Japan Linksverkehr herrscht und die Beschilderung auch auf Autobahnen nur in japanischer Schrift erfolgt.
Taxi: In den Städten gibt es sie in großer Zahl und verhältnismäßig preiswert. Wenn zwischen 22 und 24 Uhr Bars und Restaurants schließen, wird es allerdings schwierig. Zwei erhobene Finger bedeuten dann: «Ich zahle den doppelten Preis.»
Bahn: Japanische Eisenbahnen sind sehr pünktlich. In allen Fernzügen ist eine Platzreservierung erforderlich. Der Japan Rail Paß für 7, 14 oder 21 Tage gilt unbegrenzt auf allen Strecken der Japan Rail (JR), nicht aber für Privatbahnen. Man erwirbt ihn vor der Reise außerhalb Japans.
Bus: Busse verkehren flächendeckend, zuverlässig und pünktlich. Beim Einsteigen zieht man eine Nummer; die Anzeigetafel über dem Fahrer zeigt an, welche Summe man für die entsprechende Nummer beim Fahrer unaufgefordert auf den Zahltisch legt.
Flugzeug: Japan Airlines (JAL), All Nippon Airways (ANA) und Japan Air System (JAS) unterhalten ein dichtes Flugnetz zwischen den größeren Städten und Inseln.

Einkaufsparadiese: die großen Warenhäuser.

Fotografieren

In Klöstern und Schreinen mögliches Fotografierverbot beachten.

Gesundheitsvorsorge

Schutzimpfungen sind für Reisen nach Japan nicht erforderlich. Hygiene wird großgeschrieben.

Mit Kindern unterwegs

Mit Kindern ist man überall gerne gesehen. Baby- und Kinderstühle werden bereitgestellt, Spielplätze und Abenteuerparks sind überall vorhanden (oft auf den Dächern großer Kaufhäuser).

Im Zen-Garten des Daisen-in in Kyoto.

Museen

Museen sind von 9 oder 10 Uhr bis 16 oder 17 Uhr geöffnet und bleiben montags geschlossen. In den meisten Museen wird eine Eintrittsgebühr verlangt. Tempel, Klöster und Schreine, soweit sie nicht frei zugänglich sind, öffnen täglich von 9 bis 16 Uhr.

Post

Postämter sind von Montag bis Freitag zwischen 9 und 17 Uhr geöffnet. Briefmarken und Informationen über den Postverkehr erhält man auch an der Hotelrezeption. Die Briefkästen sind rot.

Souvenirs

Viele japanische Produkte sind im Ausland günstiger. Die Auswahl an Perlen, Seidenerzeugnissen und Keramik ist jedoch so groß und die Produkte geschmackvoll, daß sich ein Kauf in Japan dennoch lohnt. Zu empfehlen sind außerdem Bambus- und Lackwaren, Nachdrucke von Farbholzschnitten, Antiquitäten, kunstvolle Fächer, Sommerkimonos (Yukata) und Kunsthandwerk, das besonders in den zu den großen Schreinen und Tempeln führenden Straßen angeboten wird.

Sport

Trainingseinrichtungen japanischer Kampfsportarten wie Aikido, Judo, Karate und Kendo (Stockfechten) ziehen Sportler aus aller Welt an. Zu den herrlichen Golfplätzen haben hauptsächlich Golfer von internationalem Rang Zugang. Gelegenheit für Tennis, Joggen, Bergwandern, Radfahren und Schwimmen findet man fast überall. Beliebtester Massensport ist Baseball. Die Wintersportgebiete Nord-Honshus und Hokkaidos bieten gute Möglichkeiten für alle Arten von Wintersport.

Die Burg Shirasagi-jo in Himeji nordwestlich von Kobe (links). – Mit Kleidern aus Chrysanthemen geschmückte Puppen (rechts).

Telefonieren

Japan besitzt ein dichtes Netz öffentlicher Telefone, die meist ohne Zellen frei installiert sind. Das Angebot ist verwirrend. Die Telefonapparate haben unterschiedliche Farben: Rosa Apparate sind nur für Ortsgespräche, grüne Apparate mit dem Hinweis «International Telephone» sind für Selbstwählferngespräche geeignet. Für Auslandsgespräche verwendet man am besten 100-Yen-Münzen oder Telefonkarten, die es bei Postämtern, in Tabak-, Zeitungs- und Andenkenläden gibt. Die Vorwahl für

Japan entdecken

Die interessantesten Routen

Da es nicht empfehlenswert ist, in Japan mit dem Auto zu reisen, werden Routen vorgestellt, die mit Bus und Bahn gut zu bewältigen sind (Fahrtzeiten angegeben).

Route 1: Unbekannter Norden
Die Rundreise beginnt in Sapporo und führt mit dem Zug nach Kamikawa (2,5 Std.), von dort mit dem Bus nach Sounkyo (35 Min.). Mit dem Bus geht es weiter nach Rubeshibe (2 Std.), dann mit dem Zug nach Bihoro und mit dem Bus über den Bihoro-Paß (1 Std.) zum Mashu-See und nach Kushiro (4 Std.). Von hier fährt man mit der Bahn zurück nach Sapporo (5 Std.). Auf dieser Strecke erlebt man einige der landschaftlichen Highlights Hokkaidos: einsame Gebirgswälder, stille Seen wie den Kussharo, den kristallklaren Mashu und den Akan mit seinen mächtigen Kugelalgen, außerdem die Schlucht von Sounkyo mit ihren imposanten bis zu 150 Meter hohen Basaltwänden.

In dickem Eis und tiefem Schnee erstarrt sind die Schiffe der Fischer in einem Hafen Hokkaidos.

Route 2: Rundreise durch das mittlere Honshu
Die Reise beginnt in Kyoto und führt mit der Bahn am Biwa-See, dem größten Binnensee Japans, entlang nach Fukui (2 Std.) und nach Eiheiji (1 Std.), wo malerisch in einem engen Bergtal das Hauptkloster der Soto-Sekte des Zen liegt. Zurück über Fukui geht es weiter nach Kanazawa (42 Min.). Hier gilt der Park Kenroku-en als einer der größten und schönsten Feudalgärten des Landes. Nach der Fahrt durch die pittoreske Bergwelt des Hida-Gebirges erreicht man Takayama (2 Std.), das malerische alte Gäßchen und imposante historische Kaufmannsanwesen aufweist. Die Rückfahrt nach Kyoto dauert von hier aus gut drei Stunden.

Route 3: Schlösser, Gärten und ein ehrwürdiger Schrein im Süden Honshus
Von Osaka fährt man mit dem Shinkansen-Expreß nach Himeji (35 Min.). Die weithin sichtbare weiße Burg, die einzige unversehrt erhaltene Anlage ihrer Art, ist unbedingt eine Unterbrechung wert. Nach 35 Minuten erreicht man Okayama, wo einer der schönsten Parks Japans, der im Jahr 1700 vollendete Koraku-en, einen Besuch lohnt. Durch die japanischen Alpen gelangt man nach Matsue (2,5 Std.). Die einzige größere Stadt an der Westküste Honshus besticht durch ihre reizvolle Lage, die man besonders gut vom Turm des kleinen Schlosses aus bewundern kann. Sehenswert sind auch einige Samurai-Anwesen entlang des Schloßgrabens und die alten Kaufmannshäuser in der Altstadt. Der Großschrein von Izumo (30 Min.), Izumo-taisha, ist der älteste und würdevollste des Landes. Die Rückfahrt durch die

Bei Kinosaki (Honshu) wurde auf diesem Felsen das Modell eines Tempels nachgebaut.

Teesträucher zieren die gepflegte Gartenanlage des Tempels Shisen-do in Kyoto.

einmalige Berglandschaft der japanischen Alpen führt über Bingo-Ochiai (4 Std.) und Hiroshima (3 Std.) wieder zum Ausgangspunkt Osaka (2,5 Std.).

Route 4: Küsten, Vulkane und Kultur auf Kyushu

Die Busfahrt von Fukuoka über Karatsu (1 Std.), Imari und Arita (30 Min.) nach Nagasaki (knapp

Bei Beppu (Kyushu) steht dieser Torii.

3 Std.) gehört mit der abwechslungsreichen Küste und den kiefernbewachsenen kleinen Inseln sicherlich zu den vielseitigsten Reiserouten. Eine Unterbrechung wert sind die malerische Schloßstadt Karatsu und die alten Keramikstädte Imari und Arita mit sehenswerten Museen. Nagasaki, über Jahrhunderte einziges Tor Japans zur Welt, bietet neben seiner schönen Lage zwischen Bergen und Meeresbucht die beiden prächtigen Tempel Kofuku-ji und Sofuku-ji, die von chinesischen Emigranten im frühen 17. Jahrhundert gegründet wurden. Weiter geht es nach Shimabara (2,5 Std.) auf der gleichnamigen Halbinsel, deren Mittelpunkt das Unzen-Massiv bildet. Von hier setzt man mit der Fähre nach Misumi über (1 Std.). Über Kumamoto (1 Std.) erreicht man den Vulkan Aso (1,5 Std.). Wie der Unzen zählt auch der Aso zu den aktiven

Rakan-Figuren auf der Insel Kyushu.

Vulkanen Japans. Auf dem Weg zur Pazifikküste geht die Fahrt mitten durch die wildromantische Bergwelt Kyushus nach Oita (2,5 Std.) und weiter nach Beppu (15 Min.). Beppu, beliebt bei Hochzeitspaaren, ist der größte Thermalbadeort Japans mit unzähligen heißen Quellen, kochenden Tümpeln, brodelnden Schlammlöchern und Geysiren. Ein besonderer Höhepunkt als Abschluß dieser Route ist eine Schiffsreise durch die berühmte Inlandsee. Von Beppu erreicht man Hiroshima in 9,5 Stunden mit dem Schiff.

Norbert Hormuth

Deutschland ist 00 49, für Österreich 00 43 und für die Schweiz 00 41. Bei Ferngesprächen ist vor der Vorwahl zunächst durch eine Kennzahl eine Telefongesellschaft festzulegen: 001 (KDD), 00 41 (ITJ), 00 61 (IDC), so daß man Deutschland also folgendermaßen anwählen kann:
001 + 49 + Ortsvorwahl oder
00 41 + 49 + Ortsvorwahl oder
00 61 + 49 + Ortsvorwahl.

Trinkgeld

Trinkgelder sind in Japan nicht üblich.

Unterkunft

Das Hotelangebot in Japan ist breit und in der Regel von höchster Qualität. Die Hotels im westlichen Stil sind überwiegend Luxus- und First-Class-Hotels mit großem Komfort. Die einfachen Business Hotels westlichen Stils mit gutem Preis-Leistungsverhältnis werden von Geschäftsreisenden in Anspruch genommen und haben meist eine günstige Verkehrsanbindung. Pensionen westlichen Stils liegen oft in der Nähe von Naturparks sowie in Wintersportgebieten und haben eine familiäre, oft rustikale Atmosphäre. Japan besitzt über 400 Jugendherbergen, die keinen Altersbestimmungen unterliegen. Die öffentlichen können von jedermann genutzt werden, für die privat geführten ist der Internationale Jugendherbergsausweis erforderlich.

Ob als Dekor am Auto oder als Schmuck für die Wand – Farbholzschnitte sind seit der Edo-Zeit beliebt (links und rechts). – Auch in unterschiedliche Marinaden eingelegtes Gemüse gehört auf den Speiseplan (oben). Einladend: ein Restaurant in Kyoto (unten).

Das traditionelle Hotel im japanischen Stil ist das Ryokan (siehe Seite 36). Eine Übernachtung im Ryokan gehört zu jeder Japanreise, auch wenn dies meist eine teure Angelegenheit ist. Hier kann man tief in die Lebensweise der Japaner eintauchen. Ein Besuch im Ryokan ist wie ein Besuch bei der Mutter: Man wird verwöhnt, und es werden einem alle Entscheidungen abgenommen. So wird die

Zeit für das Bad und die beiden Mahlzeiten (Abendessen und Frühstück) vorgegeben, ebenso das, was auf den Tisch kommt. Viele Ryokan nehmen ausschließlich japanische Gäste auf. Ein Verzeichnis der Unterkünfte auch für westliche Besucher erhält man bei der Japanischen Fremdenverkehrszentrale.

Minshuku sind eine preiswerte Alternative zum Ryokan. Es sind meist Familienbetriebe in bevorzugten Erholungs- und Urlaubsorten, die sich durch eine ungezwungene häusliche Atmosphäre auszeichnen. In ihnen gelten die gleichen Verhaltensregeln wie im Ryokan mit dem Unterschied, daß der Service nicht so umfassend ausfällt. Welcome Inns werden von verschiedenen Städten und Regionen angeboten und sind Teil eines speziellen Programms zur Bereitstellung besonders günstiger Unterkünfte im westlichen wie auch im japanischen Stil. Ein Verzeichnis dieser Herbergen ist ebenfalls bei der Japanischen Fremdenverkehrszentrale erhältlich.

Währung

Die japanische Währung ist der Yen mit Münzen zu 1, 5, 10, 50, 100 und 500 Yen. Banknoten gibt es zu 1000, 5000 und 10 000 Yen. Gängige Kreditkarten sind American Express, Visa und Diners Club.

Da möchte man zugreifen: appetitliche Sushi-Platte (oben). – Rund um den Kamin kann man gemütlich in einem Restaurant in dem Badeort Yufuin (Kyushu) sitzen (links). – Auch in Japan ist die Leidenschaft für Glücksspielautomaten ungebrochen (rechts).

Zoll

Zollfrei eingeführt werden können persönliche Waren, sofern Menge und Wert angemessen erscheinen; ferner 400 Zigaretten oder 500 Gramm Tabak oder 100 Zigarren, 3 Flaschen Spirituosen (760 ml pro Flasche), Parfüm (75 ml) und Geschenkartikel, die den Wert von 200 000 Yen nicht übersteigen dürfen.

Menschen, Orte, Begriffe

Kursive Seitenzahlen verweisen auf Abbildungen, farbige Quadrate und fett gedruckte Seitenzahlen auf Specials, farbige Balken auf Spotlights.

Menschen

Bogenschießen – mehr als ein Sport.

Orte und Begriffe

Gürtel eines Kimonos (oben). – Einer der fünf Fuji-Seen an der Nordflanke des Vulkans (u

Pinsel und kostbares Japanpapier.

Die Priester eines Shinto-Schreins in Kyoto beschwören die Gottheiten.

Die Vogelscheuche soll die zum Trocknen aufgehängten Tintenfische schützen.

Unterschiedlich gefärbtes Japanpapier.

Der Große Buddha in Kamakura.

Besonders sehenswert sind die Zen-Gärten des Tempels Daitoku-ji in Kyoto.

Wie Wesen aus einer anderen Welt muten die beiden Geishas in ihren farbenprächtigen und festlichen Kimonos inmitten der Schneemassen an.

'79 北海道

Text- und Bildnachweis Impressum

Der Fotograf:
Eberhard Grames studierte Völkerkunde, Germanistik und Kunstgeschichte. Arbeitet seit 1974 als freier Fotograf für Buchverlage und Magazine. Unternahm zahlreiche Reisen nach Japan.

Die Autoren:
Heiko R. Blum, Publizist und Filmjournalist, schrieb den Text auf den Seiten 138/139.

Peter Göbel studierte Geomorphologie, Bodenkunde und Quartärgeologie; Promotion 1974. Seit 1980 arbeitet er als freier Sachbuchautor und Übersetzer mit den Schwerpunkten Länderkunde und Landschaftsökologie. Zahlreiche Publikationen über Japan. Verfaßte die Einleitung sowie die Texte auf den Seiten 56/57 und 84/85.

Norbert Hormuth studierte Literaturwissenschaft, Geschichte, Philosophie und Psychologie. Nach seiner Promotion arbeitete er vier Jahre als Lektor für deutsche Sprache in Japan. Verfaßte zahlreiche Bücher über das Land. Schrieb die restlichen Texte.

Einbandfotos:
Vorderseite: Kalligraphie-Zeichen (links), Fischer in der Bucht von Uchiura, Hokkaido (rechts).
Rückseite: In einem Zen-Garten.

Vor- und Hintersatz: Japanpapier.

S. 1: Geisha, S. 3: Gipsfigur mit Karpfen (oben), Verzierung in einem Tempel (unten).

Textnachweis

Die Zitate auf den Seiten 10 und 134 f. stammen von Marco Polo und wurden der Ausgabe «Il Milione. Die Wunder der Welt», Manesse Verlag, Zürich 6. Auflage 1994, entnommen.

Bildnachweis

Archiv für Kunst und Geschichte, Berlin: S. 22 r. u., 44/45 o., 73 r. o., 104 r., 105 l.

Verlag C. J. Bucher Archiv, München: S. 38 r. u., 39 r. o.

Wilhelm Burger: S. 60 l. o.

Wilhelm Burger/Österreichische Nationalbibliothek, Wien: S 39 l. o., 44 l. o., 119 r. u.

Freie Film Kritik, Köln: S. 138/139 (7).

Rainer Hackenberg, Köln: S. 22 l. Mitte, 116 l. u.

Norbert Hormuth, Rüsselsheim: S. 38 l.

Keystone, Hamburg: S. 39 l. Mitte und r. Mitte.

Museum für Ostasiatische Kunst, Köln: S. 38 o.

Hans Reinhard/Okapia, Frankfurt: S. 11 o.

Roger-Viollet, Paris: S. 44 l. u. und r. u., 45 r. o. und r. u., 57 l. o. und r.

Hans Jörg Sautter/Verlag C. J. Bucher Archiv, München: S. 23 l. u.

Übersee-Museum, Bremen: S. 144/145 (7).

Ullstein, Berlin: S. 39 l. u., 56 l. und r., 57 l. u.

Alle anderen Fotos stammen von Eberhard Grames, Kranenburg.

Die Karten auf den S. 11, 52, 78, 108, 130, 149 und 153 zeichnete Astrid Fischer-Leitl, München.

Die meteorologischen Daten der Klimatabellen auf den S. 146 und 147 stammen vom Deutschen Wetterdienst in Hamburg.

Wir danken allen Rechteinhabern und Verlagen für die Erlaubnis zu Nachdruck und Abbildung. Trotz intensiver Bemühungen war es nicht möglich, alle Rechteinhaber zu ermitteln. Wir bitten diese, sich an den Verlag zu wenden.

Alle Angaben dieses Bandes wurden von den Autoren sorgfältig recherchiert und vom Verlag auf Stimmigkeit und Aktualität geprüft. Allerdings kann keine Haftung für die Richtigkeit der Informationen übernommen werden. Für Hinweise und Anregungen sind wir dankbar. Zuschriften an den C. J. Bucher Verlag GmbH & Co. KG, Lektorat, Paul-Heyse-Str. 28, 80336 München.

Japan · Bucher Global

Konzeption: Axel Schenck
Lektorat: Cornelia Schubert
Bildgestaltung: Eberhard Grames, Joachim Hellmuth
Bilddokumentation: Tanja Jonak
Graphische Konzeption: Michael Keller
Graphische Gestaltung: Werner Poll
Herstellung: Kristina Kaiser, Angelika Kerscher

Technische Produktion: Omnia Scanners, I-Milano; Westermann Druck, Zwickau

Printed and bound in Germany
ISBN 3-7658-1191-2